每一个胜利船舶人，
　　心中都有一艘胜利的船舶……

心中泊船

臧运玉　主编

企业管理出版社
ENTERPRISE MANAGEMENT PUBLISHING HOUSE

图书在版编目（CIP）数据

心中泊船 / 臧运玉主编；魏延江副主编 . -- 北京：企业管理出版社，2023.12
ISBN 978-7-5164-2758-3

Ⅰ.①心… Ⅱ.①臧… ②魏… Ⅲ.①海洋石油工业—石油企业—概况—东营 Ⅳ. ① F426.22

中国版本图书馆 CIP 数据核字（2022）第 220018 号

书　　名	心中泊船
书　　号	ISBN 978-7-5164-2758-3
主　　编	臧运玉
副 主 编	魏延江
责任编辑	陈　戈　　田　天
出版发行	企业管理出版社
经　　销	新华书店
地　　址	北京市海淀区紫竹院南路 17 号　　邮　　编　100048
网　　址	http://www.emph.cn　　电子信箱　emph001@163.com
电　　话	编辑部（010）68701638　　发行部（010）68701816
印　　刷	济南书来书往印刷有限公司
版　　次	2023 年 12 月第 1 版
印　　次	2023 年 12 月第 1 次印刷
开　　本	710mm×1000mm　1/16
印　　张	15.5
字　　数	160 千字
定　　价	98.00 元

版权所有　翻印必究·印装有误　负责调换

海洋石油船舶中心精神文明建设委员会

主　任：卢　勇　李鹏展
副主任：臧运玉　孙建国　齐方利　初同林

《心中泊船》编辑室

主　　编：臧运玉
副　主　编：魏延江
执行副主编：王云兴　崔舰亭　张君政
编　　辑：胡海玲　朱纯芬　姜　鹏　吴晓伟
　　　　　李福起　张　栋

前　言

　　回顾历史，不是为了从成功中寻求慰藉，更不是为了躺在功劳簿上为回避面临的困难和问题寻找借口，而是为了总结历史经验、把握历史规律，增强开拓前进的勇气和力量。

　　在庆祝中国石化成立四十周年之际，在海洋石油船舶中心即将迎来成立三十周年的时候，我们编辑了这本《心中泊船》，从"为梦启航""逐梦奋楫""筑梦远航"三个历史维度，以图文并茂的形式，回顾自1975年胜利船舶首航以来，以各级劳动模范和先进人物为代表的胜利船舶人怀揣梦想、奋发图强的一个个片段，撷取了胜利船舶乘风破浪、高歌远航中的一朵朵浪花，致敬那些为胜利船舶的建设发展而努力奋斗的人，鼓舞动员新时代的胜利船舶人，永远跟着党，牢记中国石化企业使命和胜利油田企业风范，筑牢"做专做精打造一流，勇立潮头为国保油"的核心价值理念，大力弘扬劳模精神、劳动精神、工匠精神，大力弘扬石油精神、石化传统，在习近平新时代中国特色社会主义思想指引下，不忘初心，搏风击浪扬帆新时代，牢记使命，砥砺奋进启航新征程！

　　船舶中心——心中泊船。无论是过去、现在，还是未来，每一个胜利船舶人，心中都有一艘胜利的船舶，迎着朝阳，乘着东风，为着梦想，高扬风帆，驶向希望的远方！

编　者
二〇二三年十二月

目 录

为梦启航   1
    "那年，我们只有4个人"   5
    "这是胜利油田海上第一口探井"   9
    "艺高胆大弄船人"   13
    "从第一船油到10万吨"   17
    "穿越北纬7度线"   21
    "拉油会战"   25
    "海上大营救"   29

船舶映像——致敬为胜利船舶建设发展付出的人   33

逐梦奋楫   45
    "一艘船，一辈子"   49
    "心中永远的101"   53
    "甘做冲锋陷阵排头兵"   57
    "没有克服不了的拦路虎"   61
    "设备就是我的孩子"   65
    "巧借海潮解困局"   69
    "怒海勇士"   73
    "凡事都要做细做实"   79
    "越向上，越有光"   83
    "为职工群众服务不怕脏和累"   87
    "一颗永不生锈的螺丝钉"   91
    "在浪尖上起舞的船长"   95

船舶映像——感谢为胜利船舶努力奋斗的人   99

筑梦远航 121
    "以一流能力保障海上安全绿色发展" 125
    "为你'点'盏希望的灯" 129
    "星光不问赶路人" 133
    "21千米，一米一米地前进" 137
    "海上花开" 143
    "红衣初心映碧海" 149
    "越是艰险越向前" 153
    "海是'根'，船是'家'" 157
    "精耕细作催开'海上花'" 161
    "在这个'家'过年心里踏实" 165
    "让爱永远传承" 169
    "一定要救他" 173
    "把青春献给我热爱的那片海" 177
    "乘风破浪战四海" 181
    "扬帆远航创品牌" 187
    "海阔天空育人才" 193

船舶映像——胜利船舶因你而精彩 199

海洋石油船舶中心历届领导班子成员 217

附　录 225
    附录1：劳动模范和先进个人名录 227
    附录2：视频集锦 235

后　记 237

为梦启航

在胜利油田从陆地走向海洋的艰难征程中，胜利船舶，这支胜利油田为适应海洋石油勘探开发需要而建立的一支特殊专业化队伍，担当着先锋的重要角色，扬起了海洋石油梦的风帆。

1975年3月，胜利油田在陆地石油勘探开发获得重大成就的同时，确定了"向海洋进军"的发展战略。1975年4月26日，两艘海军退役的50吨炮艇胜利401船、胜利402船和4名船员，首航渤海湾；随后两船实施了胜利油田首次海洋地质勘查，擂响了"向海洋要油"的战鼓。

1978年11月，胜利201船、胜利607船、胜利608船、胜利609船4艘50吨登陆艇，首次实施胜利一号钻井平台海上拖带与就位作业，确保了海上第一口探井"埕中一井"的成功钻探。

1993年2月25日，胜利310船从埕北35井拉运出胜利油田海上第一船原油。

胜利船舶，初心如磐，为梦启航，扬起风帆，在大海上播种着希望。

中泊船

每一个胜利船舶人,心中都有一艘胜利的船舶……

» 1975年8月9日,浅海地震队首次在黄河入海口一带进行海上地震勘探,揭开了胜利油田浅海石油勘探的序幕

中泊船

每一个胜利船舶人,心中都有一艘胜利的船舶……

心中泊船

每一个胜利船舶人，心中都有一艘胜利的船舶……

» 1976年10月21日，地质调查指挥部船运队成立

"那年，我们只有4个人"

王树礼：我们见证了胜利船舶人劈波斩浪、勇往直前、不怕困难的艰苦创业历程。

采访对象：王树礼，山东东营人，1949年6月出生，1968年12月入伍，初中文化，中共党员。1974年4月从部队转业到天津海洋勘探指挥部，1975年4月调到胜利油田工作，是胜利油田第一批船员。

心中泊船

每一个胜利船舶人，心中都有一艘胜利的船舶……

1975年3月12日，胜利油田在东营牛庄镇地质调查指挥部召开进军海洋工作会议，决定把勘探领域从陆地扩大到海滩和浅海。1975年4月，王树礼和李深言、郑幸福、吕先道4人，驾驶两艘部队退役的50吨炮艇（胜利401船、胜利402船），从天津来到了当时的山东省黄县龙口镇龙口港码头，成为胜利油田第一批船员和船舶（郑幸福、吕先道后调离胜利油田）。

初到异地，王树礼他们两眼一抹黑，没有介绍信，没有联系人，不知道来干啥，他们被龙口港码头管理人员当作盲流，反复盘问，撵来撵去，最后被赶到了龙口渔港。

几天之后，船上没有吃的了，李深言找到当地一个亲戚借了点粮食，才渡过难关。可船上没有淡水，人和机器都扛不了，他们是真犯了难。

在渔港码头熬了七八天后，胜利油田地质调查指挥四大队224地震队的领导和几个队员终于来到了龙口。

1975年8月初，在龙口镇和平大队老卫生院，胜利油田以胜利401船、胜利402船及4名船员和地质调查指挥部224地震队为主体，加上7月招收的17名海军退役战士，组建成立了浅海地震队，调度室就设在太平间。面对太平间，大家心里都不是滋味，王树礼到现在还在感叹，那可真是"船无码头人无家"啊！搞海上石油勘探咋就那么难！

胜利油田给浅海地震队下达的任务是：到渤海湾黄河入海口沿线、水深5米以内的海域进行石油勘察。

随后，又先后租用了3条渔船来配合实施海上勘探任务。人员、设备配齐后，王树礼他们就立即开往黄河入海口海域投入勘探工作中，渤海湾终于响起了有史以来的第一声地震炮，标志着胜利油田正式开始"向海洋进军"。

随着海上石油勘探工作的开展，王树礼他们意想不到的困难也越来越多。半个月后，船上就"弹尽粮绝"了，又遇上大风，他们被迫开往羊口港进行补给，但补给的水都是咸的，做饭根本不用放盐。

那段日子，王树礼他们天天在泥水里摸爬滚打，俨然就是一个个泥巴猴子。海上的渔民也看不出这是石油工人，地震队的人也觉得自己和渔民没啥两样——"远看是打鱼的，近看是挖蛤的"，这就是油田最初海洋石油人的形象。

即便是如此困难，到了1975年10月，浅海地震队还是按计划圆满完成了生产任务，队员们全部返回龙口休整。但进入冬季后，王树礼他们这些船员依然住在船上，生活条件相当艰苦，没电、没暖气，取暖是用煤油炉，设备因天气寒冷一天需要运行好多次，防止冻坏了。

到了1976年，原本就是部队退役旧炮艇的胜利401船、胜利402船两艘"先驱船"，历经高负荷运转变得更加破烂不堪，船体外壳及设备运行状况越来越差，先后发生了两次大的船体泄漏险情，船底锈蚀得已经无法修复，只得光荣报废。

同年6月，浅海地震队又接回了6艘部队退役的"云"字号船：胜利801船、胜利802船、胜利803船、胜利804船、胜利805船、胜利806船。

中泊船

每一个胜利船舶人,心中都有一艘胜利的船舶……

» 部队退役的 50 吨炮艇——胜利 402 船

> "这是胜利油田海上第一口探井"
>
> 盛国新：我们用4艘登陆艇，硬是把"胜利一号"钻井平台拖到了井位上！

采访对象：盛国新，山东荣成人，1950年10月出生，1970年12月入伍，1977年5月到胜利油田工作，高中文化，中共党员，船舶中级职称。2005年度"胜利油田文明建设先进个人"，1995、1997、1998、1999、2000、2001、2002年度"胜利油田劳动模范"，2000年"中国石化劳动模范"。

心中泊船

每一个胜利船舶人，心中都有一艘胜利的船舶……

"大家都知道的华八井，是胜利油田的发现井；但很多人不知道埕中一井，这口井是胜利油田海上的第一口探井，当年正是我们驾驶着4艘登陆艇，把"胜利1号"钻井平台拖到井位上，打的这一口井！"说这话的人，是海洋石油船舶中心退休职工盛国新。

将时间拨回到1978年10月，胜利油田地质调查指挥部船艇大队累计完成海上地震测线1917千米，发现了一批圈闭构造；同时，胜利油田第一座海洋石油钻井平台——"胜利1号"，也在烟台造船厂建造完工。于是，胜利油田决定：浅海石油勘探由地震勘探阶段进入钻井勘探阶段。

"胜利1号"钻井平台长56.5米、宽24米、高53.2米，满载排水量2130吨，作业水深1.8~5米，最大钻井深度3200米，在当时确实是个"大家伙"。

当时还是一名水手的盛国新，至今还记得大家看到这个"大家伙"时的那种吃惊、自豪的表情，而让他更加难忘的，则是将这个"大家伙"拖到埕中一井预定井位上的惊险无比的一幕幕。

埕中一井位于黄河入海口附近的埕子口弯弯沟，这里是潮间带，平均水深只有两三米，造船厂拖带"胜利1号"钻井平台的大功率拖轮，吃水太深，无法到达指定井位，而此时的胜利油田，还没有一艘浅吃水的大功率拖轮，怎么办？

困难面前，从领导到船员，大家一致表示："王进喜说过，有条件要上，没有条件创造条件也要上！没有浅吃水大船，我们也要创造条件，确保按期保质将平台拖到井位上，坚决不能误了开钻工期！"

大家反复研究、反复推敲，最终决定：由大功率拖轮将"胜利1号"钻井平台拖带至最浅海域，然后将4艘登陆艇前后左右绑在平台上，一起拖到埕中一井。

这也许是海洋石油勘探开发史上，平台拖带作业绝无仅有的创举。"大家都知道风险大、难度高，但没有一个人退缩！"盛国新说。

说干就干！

1978年11月7日，从烟台芝罘岛码头出发，由造船厂拖轮拖带的"胜利1号"钻井平台，在距离预定井位埕中一井5.6海里的地方止住了步伐。早已做好准备的胜利201船、胜利607船、胜利608船、胜利609船4艘50吨位登陆艇，按照预定方案，分前后左右与平台紧紧地绑在了一起。

即便如此，4艘登陆艇加起来动力不足1000马力，对付"胜利1号"钻井平台这个"大家伙"，依然是"小马拉大车"。

"前进一、左舵五"，随着一道道指令的下达，4艘登陆艇一起发力，平台终于缓缓地向预定井位一点一点地"挪"了过去……

5.6海里，也就是10.3712千米，如果是大功率拖轮拖带"胜利1号"钻井平台，也就需要一两个小时。而就是这5.6海里，这些胜利船舶的汉子们，用4艘登陆艇绑着平台，在没有任何经验可以借鉴的情况下，用了20多个小时，硬生生将平台"挪"到了埕中一井，确保了胜利油田海洋石油勘探开发第一口探井的顺利开钻！

"没多想，当时就觉得我们一定能行！"多年以后，盛国新说起此事，依然坚定而自信。

心中泊船

每一个胜利船舶人，心中都有一艘胜利的船舶……

» 1978年11月，胜利油田第一次海上平台拖带与移就位作业

"艺高胆大弄船人"

> 高月迎：船长，就是能够在大风大浪中，同大家一起，把船安全开出来的人。

采访对象： 高月迎，山东日照人，1952年4月出生，1970年12月入伍，1977年3月到胜利油田工作，初中文化，中共党员，船舶中级职称。2007年度"胜利油田优秀共产党员"，2000年度"胜利油田文明建设先进个人"，2003年度"胜利油田劳动模范"。

心中泊船

> 每一个胜利船舶人，心中都有一艘胜利的船舶……

1987年3月，担任胜利502船船长的高月迎，接到了配合由美国哈佛大学、山东海洋学院（今中国海洋大学）和黄河口水文站教授、专家、大学生等30多人组成的考察组，实施黄河滩涂、黄河口滑坡等现场地质勘察任务。

像胜利船舶的许多船长一样，高月迎曾是一名出色的水兵，身材魁梧，面色刚毅，技术精湛，服务周到，很快就获得了考察组上上下下的好评，大家一致认为，他是个在狂风巨浪中沉稳如山的人。

1987年3月23日傍晚，连续忙碌了多天的胜利502船停泊在垦北工区5号桩海区。深夜时分，海面上突起9级大风，远远超出了胜利502船的抗风能力。

作为船长的高月迎只能一边下令开动主机抗风，一边安排船员时刻观察风浪情况和船舶状况，做好安全防护和应急措施。

但意外还是发生了，锚链被狂风巨浪折断，船不能再停泊了，只得硬着头皮向风浪里冲。

夜，漆黑无边；风，怒吼嘶鸣。四五米高的巨浪铺天盖地压下来，胜利502船忽而被推向波峰，忽而又被打入浪谷，船上的人如同坐在过山车上，剧烈摇摆，好多人呕吐不止。

这是高月迎多年船长生涯中最惊险的一次，但他强压住心底隐隐闪现的惊恐之念，沉稳如山。他心里只有一个念头：船长就是一艘船的"灵魂"，危难时刻，绝不能有丝毫的慌乱！

驾驶台前根本站不住人，高月迎几乎趴在仪表台上，一手紧握操纵杆，一手抓着垃圾桶，眼睛盯着黑夜和巨浪，沉着地发出一个个指令，船员们也都各司其职，坚守在自己的岗位。

胜利502船开足马力，与风浪顽强抗争，艰难地驶向港口……

经历了整整40多个小时的殊死抗争，胜利502船终于脱险。

当看到岸上焦急等候的人们，从教授到学生到船员，一船人不禁抱头痛哭。

事后，当接到考察组赠送的"艺高胆大　化险为夷"锦旗时，高月迎平静地说道："船长，就是能够在大风大浪中，同大家一起，把船安全开出来的人。"平平实实的一句话，让人肃然起敬。

中泊船

每一个胜利船舶人,心中都有一艘胜利的船舶……

》 胜利502船

"从第一船油到10万吨"

李深言：那股劈波斩浪的劲头，什么时候也不能丢！

采访对象： 李深言，河南宁陵人，1946年11月出生，1968年3月入伍，初中文化，中共党员。1972年从部队转业到天津海洋勘探指挥部，1975年4月调到胜利油田工作，是胜利油田第一批船员。

心中泊船

每一个胜利船舶人，心中都有一艘胜利的船舶……

1993年2月25日，李深言驾驶着胜利310驳船，满载千吨原油，从胜利海上埕岛油田海二站驶出，运往陆地接收站。

这是胜利油田海上将士们经过近20年艰苦卓绝的奋斗，产出的第一船原油。自此，胜利浅海石油勘探正式进入规模化生产阶段。

因为有了第一船原油的产出，油田要求这年完成海上10万吨原油生产任务。胜利油田只有胜利310船、胜利311船两艘原油驳船，作为两艘船的船长，李深言深感任务光荣，压力巨大。而此时，胜利311船还在烟台进行坞修。

"只要有了船，就有了油，胜利311船坞修任务，6月10日之前，确保完工！"胜利311船的将士们向油田立下了"军令状"。

原本计划40天的坞修，缩短至26天，而要完成320个大小检修项目，谈何容易。"不能等，把任务分解，在没有正式上坞台前，我们就要抢时间、抢工期！"胜利311船的党员同志们站了出来，主动成立了6支抢修队。一时间，船上机声隆隆、弧光飞溅，岸上塔臂挥舞、车流如梭。

1993年5月31日，胜利311船正式上坞，但当船头刚刚驶入坞门时，突然停电！关键时刻，几十名船员和修船工人喊着号子，硬是人拉肩拽将船拖到预定位置，抢在落潮之前关上坞门，赢得了宝贵的4个小时。

接下来的日子，船长李深言、轮机长杨忠训带领船员和修船工人们，天刚蒙蒙亮便开始工作，一直干到深夜，有时连续工作长达18个小时，人的体能也都拼到了极限。

李深言
"从第一船油到10万吨"

» 1993年2月25日，胜利310驳船首次从海二站输油成功，经过近20年艰苦卓绝的奋斗，胜利油田海上终于产出第一船原油

心中泊船

每一个胜利船舶人，心中都有一艘胜利的船舶……

1993年6月8日16时，随着雄浑的汽笛声，经过24个昼夜的努力，胜利311船比"军令状"所定时间提前两天圆满完成坞修任务，在拖轮的牵引下，乘风破浪驶向埕岛油田。

"没日没夜地干，当时我们两艘驳船所有的人都只有一个目标，克服一切困难，坚决完成任务！"李深言后来说。

正是有了海上汉子们的这股拼劲，1993年10万吨的原油运输任务，得以提前完成。

» 胜利311驳船实施海上原油运输作业

"穿越北纬7度线"

李文水：不管困难再怎么多、风浪再怎么大，都要坚定地完成任务。

采访对象：李文水，山东枣庄人，1951年7月出生，1969年3月入伍，1978年4月到胜利油田工作，高中文化，中共党员。1997年度"胜利油田文明建设先进个人"，1994年度"胜利油田劳动模范"。

心中泊船

每一个胜利船舶人，心中都有一艘胜利的船舶……

1993年，胜利油田海底输油管线尚未建设，油田于是从新加坡购置了"金胜1号"原油轮，执行海上原油运输任务。

为确保"金胜1号"原油轮尽快投产，王魁、刘新章、李文水、胡成礼、李进茂、李绍彬、王福启、刘乐成、王江甫、黄宝政、姜孟岳、杨士强、郭良玉等13名船员奉命前往新加坡，将船开回3000海里外的山东省烟台港。

第一次执行如此重大的远航任务，13名船员很兴奋，也很自豪，在挥手告别新加坡送行人员之后，船员们各司其职，准备驾船北上。

在即将踏上归国征程时，原新加坡船长却担心地问道："3000海里，你们能安全返回目的港吗？"在他丰富的航海经历中，东北季风期的南中国海给他的印象简直太深了，在他眼前的中国船员只有临时船长刘新章具有国际航海经验，最令人担心的还是"金胜1号"船龄已有15年，按沿海适航条件设计的油轮能经得起风浪吗？

"我们行！"全体船员坚定地回答。

然而，1993年12月22日，当13名船员驾驶着"金胜1号"原油轮行驶到南中国海北纬7度线附近海域时，乌云翻滚，狂风肆虐，一场严峻的考验来临了。

风越刮越大，阵风达到11级。"金胜1号"已无力以正常的航速前进，74米长的油轮时而被抛上波峰，时而又被掀入谷底，船体横摇超过40度，主机随时会因"飞车"而出现严重故障。船长和船员们经过紧急研究，认为在气象好转无望，主机不能确保正常运转的情况下，继续北上无疑是危险的，于是极不情愿地做出返航的决定。

严酷的现实使他们对南中国海有了进一步的了解，硬闯显然是不行的，恶劣的海况已经超出"金胜1号"的适航能力。避开季风期？也不行！维系胜利油田海上原油运输仅有的两艘油轮已是伤痕累累，海上原油运输等不起！

在返回新加坡的途中，船员们认真总结上次航行的经验。在锚地，机舱人员昼夜苦战，对主机进行全面检修、调整，提高主机运转的可靠性，航海人员根据大量气象、水文资料制定了三条计划航线。

» "金胜1号"实施采油作业

心中泊船

每一个胜利船舶人，心中都有一艘胜利的船舶……

1993年12月30日晨，船员们在异国的海面上庄重地升起五星红旗，13位勇士面向国旗坚定信念，再次向"死神"发起挑战。

船舶再次进入北纬7度线，风浪越发肆虐，持续的8、9级东北风掀起的狂涛拍打着船舶，令人不寒而栗。

危急时刻，船长透过雨雾蒙蒙的海面，注视着涌浪、风力的变化，采用"Z"字形航线，避开一个又一个浪峰；驾驶台前，值班人员高度紧张，随时报告海面发生的情况；机舱里，高温使人难以忍受，轮机人员寸步不离岗位，随时处理可能发生的故障，大家心中只有一个信念：战胜风浪，人在船在！

经过整整两天两夜的搏斗，13名勇士以大无畏的气概和高超的技术，驾驶着"金胜1号"终于胜利穿越北纬7度线，将这条"生死线"远远地甩在了身后！

1994年1月25日，经过20多天的航行，"金胜1号"顺利抵达烟台港，在最短时间内办理完各种手续后，便立即投入海上原油拉运作业任务，为胜利油田海洋石油勘探开发的顺利进行做出了重大贡献。

"拉油会战"

陈秀林：为了海上原油上产，我们必须全力以赴。

采访对象： 陈秀林，山东无棣人，1952年5月出生，1969年2月入伍，1977年4月到胜利油田参加工作，大专文化，中共党员，船舶中级职称，海洋石油船舶中心原副经理。1997年度"胜利油田文明建设先进个人"，1995、1996年度"胜利油田劳动模范"。

中泊船

每一个胜利船舶人，心中都有一艘胜利的船舶……

海上产油不同于陆上，油井产出的油运到陆上才能算是"产量"，而海底输油管线尚未投产，海上原油主要靠船来运输。

1993年，胜利海上生产原油10万吨，胜利船舶运油10万吨。1994年，胜利船舶运油24万吨。

1995年3月，海洋石油船舶公司组织开展拉油会战。"会战"是石油人多年艰苦创业中练成的"制胜法宝"，"会战"可以最大限度地发挥石油人的各种潜能，对于每一个石油职工来说，参加"会战"则意味着彻底地付出和奉献。

海上原油运输，油轮船队的5艘油船责无旁贷。油轮船队大队长陈秀林向"会战"职工宣布的第一条"政策"是安心"会战"，家里老婆孩子等一切问题，交由大队全权负责。

有位"会战"职工的孩子考上了技校，按通知书上的日期，第二天12时以前必须办妥一切入学手续，起户口、转关系、开证明……又是从龙口到东营，娘儿俩捧着入学通知书不知所措，不知到哪些部门去办手续，时间又十分紧迫，家属急得直哭。陈秀林听说后，立即来到这位职工家，问明了情况，当场拍板：孩子的事决不能耽误，明天一大早大队派车派人带孩子去东营。

第二天5时，陈秀林就亲自带车来到这位职工家中，送职工家属和孩子前往学校。

陈秀林说："职工们在前线'会战'本就十分辛苦，职工家属的事不能不办！"

船队领导为职工们解除了后顾之忧，职工们就一心在前线"会战"。1995年3月10日至15日，"会战"开始后短短6天时间里就拉油11274吨。

海上采油采用一级分离，原油中的残存气还有很多，夏天气温高，甲板上充满挥发的天然气，十分危险，船员们形容像"坐在炸药包上"，加上有些油井采油装置十分简陋，遇有风浪，险情重重。但"会战"职工心里只有一个念头：海上能产多少油，船就要运出多少油。

进入1995年4月，有两艘油船回龙口检修，剩下的3艘船几乎24小时连轴转，下旬的10多天里，面对恶劣气象海况，3艘船抢拉原油1.08万吨。

在运油的黄金时节7、8、9三个月，有的船员带病坚持工作，直到累倒在岗位上，被抬下船送进医院；有的船员妻子躺在医院产床上，顾不上去看一眼；还有一位船员，定好了婚期，却因船上实在太忙，无法脱身，由妹妹替自己拜堂成亲。

1995年，油轮船队共拉原油41万吨，这耀眼成绩的背后是每位船员的辛勤付出。

中泊船

每一个胜利船舶人，心中都有一艘胜利的船舶……

» 胜利 617 原油船正在埕北 11B 井组进行采油作业

"海上大营救"

> 李树清：实施海上救援，是胜利船舶义不容辞的责任。

采访对象：李树清，山东昌邑人，1952年7月出生，1969年12月入伍，1975年3月到胜利油田工作，高中文化，中共党员，高级船长职称，海洋石油船舶中心原副经理。

心中泊船

每一个胜利船舶人，心中都有一艘胜利的船舶……

》1994 年 4 月 8 日，胜利 261 船救助遇险渔民

李树清
"海上大营救"

　　1994年4月7日，突如其来的风暴潮呼啸而至，招远、龙口海域顿时巨浪滔天，数十条未能及时回港的渔船和船上渔民顷刻间陷入了绝境。

　　事发海域及周边，能够在如此恶劣气象海况条件下实施救援的力量，只有胜利油田的船舶。于是，烟台海上救助指挥部、招远市政府、龙口市政府等各级部门领导的紧急求救电话纷至沓来，油田领导电令胜利船舶，立即组织精兵强将，全力实施救援。

　　当天22时，生产办主任李树清等立即登上刚刚完成海上作业回到龙口胜利港的胜利261船，指挥船舶调转船头，迎着咆哮的海浪，驶往事发海域。

　　这是胜利261船熟悉的大海，风平浪静的时候，它拖带着平台、装载着物资，忙忙碌碌地穿梭于海上油田各个井口之间；巨浪滔天的时刻，它承载着希望、肩负着寄托，义无反顾地奋战在遇险船舶和人员救援的现场。

　　又一次面对狂风恶浪的挑战。幽暗的驾驶室里，胜利261船的船员们密切保持与岸上的联系，一边打开雷达搜寻着荧光屏上每一个亮点，认真地在海图上标出一条条曲折的航线。探照灯刺眼的光柱掠过漆黑的海面，急促的汽笛声划破苍茫的夜空。

　　风愈刮愈猛，巨浪疯狂地盖过船艏，船体剧烈地摇摆，笨重的驾驶椅被摔倒在地板上，船员们脸色蜡黄，大口大口地呕吐。然而，经过整整一夜搜寻，胜利261船依然没有发现遇险渔船和人员。

　　天渐渐亮了，折腾了一夜的船员们仍然双眼紧盯着海面，不少人连早饭也吃不下，心情沉重。大家沉默着，耳边只有风浪的

心中泊船

> 每一个胜利船舶人，心中都有一艘胜利的船舶……

咆哮声、机器的轰鸣声和海浪与船体的撞击声。

"有情况！"一名船员指着前方惊喜地叫了起来，"是渔船，一条、两条、三条，……"大家兴奋地数着。然而，当胜利261船驶近时，发现渔船早已翻扣在海面上，船上人员不知所踪。

4月8日7时35分，船员们终于发现了处在险境之中的鲁招渔4193船。渔船在波涛中时隐时现，3名渔民在拼命地挥动双臂，声嘶力竭地呼叫着。

全船人员立即行动，短短一分钟，训练有素的船员全部到位。胜利261船顶着狂涛，在渔船上风处抛下右首锚，然后放松锚链顺风靠近渔船。就在两船接触的一瞬间，几名在后甲板的船员，奋力将3名濒临死亡的渔民救到船上。

9时8分，胜利261船又发现了困在养殖区里已经失去控制的鲁龙渔5010船，然而养殖区网具密布，难以接近救援。胜利261船在两次抛锚尾靠未成后，冒着推进器被缠绕的危险顶风逆行，将船尾右舷缓慢接近渔船。此时，巨浪越过护舷冲击着甲板，船员们冒死前去搭救，两名在风浪中挣扎了30多个小时的渔民终于脱离险境。随后，胜利261船又救起两名落水渔民。

在胜利261船餐厅，嘴唇发青、浑身颤抖的渔民，被搀扶着坐在沙发上，船员们帮着他们脱去浸透海水的棉衣，盖上了事先准备好的棉被，端上了一碗碗热汤、一包包点心。

惊魂未定的渔民们半天回不过神来。许久，他们才蠕动着干裂的嘴唇，喃喃重复着"救命恩人，救命恩人呐，……"，热泪划过他们饱经风浪的脸庞。

船舶映像
——致敬为胜利船舶建设发展付出的人

» 1980 年 6 月，胜利 611 船船员

❤ 中泊船

每一个胜利船舶人，心中都有一艘胜利的船舶……

» 1981年，干部职工在利津县刁口滩涂实施胜利609船钻井器材装载作业

» 1983年4月26日，干部职工在渔港码头战台风保平台

船舶映像
——致敬为胜利船舶建设发展付出的人

» 1985年3月，龙口胜利港围堰合拢庆祝仪式

» 1985年4月，职工文体活动

中泊船

每一个胜利船舶人，心中都有一艘胜利的船舶……

» 1986年，胜利501船出航动员

» 1986年6月，职工和家属在渔港码头肩扛人抬装载水泥

船舶映像
——致敬为胜利船舶建设发展付出的人

» 1988 年，船员利用录音机传达学习上级会议精神

» 1989 年，船员驾驶船舶航行

心中泊船

每一个胜利船舶人，心中都有一艘胜利的船舶……

» 胜利604船船员合影

» 胜利104船船员合影

船舶映像
——致敬为胜利船舶建设发展付出的人

» 船员驾船赶往施工现场

心中泊船

每一个胜利船舶人，心中都有一艘胜利的船舶……

» 1986年3月，龙口基地临时学校设立，结束了职工子弟到龙口借读的历史

船舶映像
——致敬为胜利船舶建设发展付出的人

» 1990年7月，浅海公司总结表彰大会

» 1991年2月，教师和学生们开展卫生大扫除

中泊船

每一个胜利船舶人，心中都有一艘胜利的船舶……

1993年8月，胜利261船船员征战南海纪实

船舶映像
——致敬为胜利船舶建设发展付出的人

43

❤ 中泊船

每一个胜利船舶人，心中都有一艘胜利的船舶……

» 1993 年，胜利 231 船船员合影

» 1993 年，端正党风经验交流会

逐梦奋楫

在胜利海上油田建成之后的上产增产奋斗进程中，胜利船舶，这支已经建设发展成为颇具规模的胜利舰队，发挥着保障支持海上安全生产、清洁生产的重要作用，承担起海上拖带与移就位、起抛锚作业、海工吊装，以及人员物资、油品、废液运输等船舶作业任务，所属船舶年均总计安全航行2万多小时、航程15万多海里，高质量实施各类海上重大施工100多次；承担起海上及滩海溢油应急、海上搜救、应急消防、气象灾害防抗等海洋应急任务，构建起了"陆、海、空"立体联动的应急保障体系，自1994年成立专业化单位以来，高效实施重大海上抢险290多次，累计救助遇险人员920多人、救助遇险船舶130多艘次，忠实履行了央企的政治责任、社会责任和经济责任。

胜利船舶，砥砺拼搏，逐梦奋楫，开足马力，驰骋在蔚蓝色的海疆。

心中泊船

每一个胜利船舶人，心中都有一艘胜利的船舶……

» 1994年5月9日，胜利石油管理局海洋石油船舶公司成立挂牌

中泊船

每一个胜利船舶人，心中都有一艘胜利的船舶……

心中泊船

每一个胜利船舶人，心中都有一艘胜利的船舶……

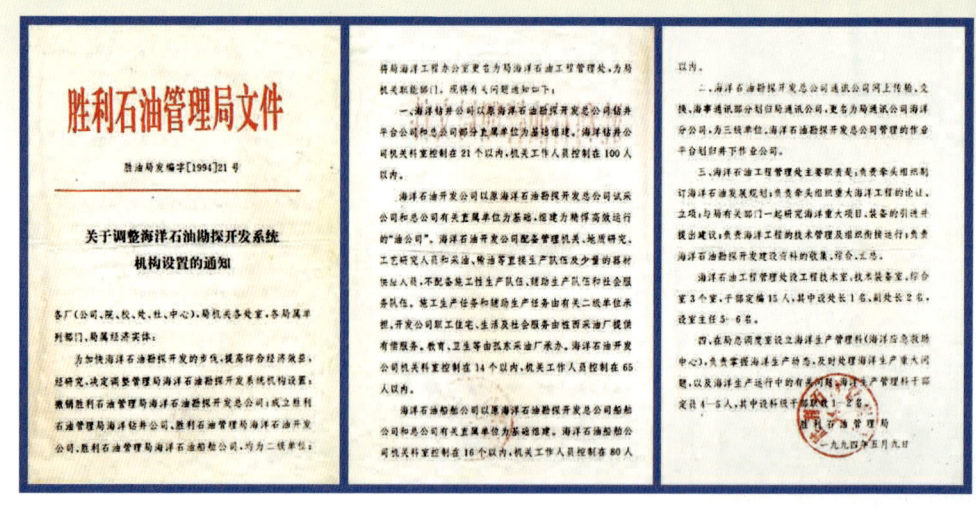

» 1994年5月9日，胜利石油管理局海洋石油船舶公司成立文件

» 海洋石油船舶公司更名为海洋石油船舶中心文件

"一艘船，一辈子"

陈仁德：退休了我还是经常梦见胜利211船，这艘船就是我的亲人。

采访对象： 陈仁德，山东昌邑人，1950年3月出生，1969年11月入伍，1975年4月到胜利油田工作，高中文化，中共党员，船舶中级职称。2001、2003年度"胜利油田优秀共产党员"，2000年度"胜利油田文明建设先进个人"，2001、2002年度"胜利油田劳动模范"。

中泊船

每一个胜利船舶人，心中都有一艘胜利的船舶……

1997年，胜利211船作为船舶公司第一艘进入国际市场的船舶，来到河北冀东工区为美国科麦奇公司服务。

胜利211船是一艘1000马力超浅吃水拖带供应船，1987年11月建成投产，满载吃水1.81米，在胜利海上油田勘探开发初期，是海上勘探开发的生力军，主要担负浅海及潮间带石油平台拖航移位、物资供应、消防救生等繁重生产任务。由于吃水较浅，且具有长时间搁浅能力，尤其适合浅海和滩海石油勘探开发作业，多次被评为油田文明标杆集体、文明先进集体、优秀基层队，曾荣立油田集体三等功。

尽管对甲方近乎苛刻的用船条件早有耳闻，并且做了充分的准备，"此次作业，不仅代表的是船舶公司的形象，更代表着胜利油田职工的形象，来不得半点马虎！"船长陈仁德还是严肃地提醒着每一名船员。

但是第一次出海，就让陈仁德和兄弟们深刻地感受到了巨大的压力，24小时随时待命，3声高频电话呼叫未接便辞船。这就意味着，在50多天的合同期内，胜利211船将始终处于高度紧张的状态中。

陈仁德和他的船员兄弟们明白，虽然此次外出作业远离基地，缺少可靠的后勤保障，但是，在严格的合同要求面前，任何延误作业的理由都不成立。

"甲方要求高，没有闯市场的经验，但是咱就是来挣外国人的钱的，就要跟他们拼服务、拼技术，就是要让他们信服！我们辛苦点不怕，我们胜利的牌子比什么都重要。"陈仁德说。

陈仁德
"一艘船，一辈子"

» 胜利 211 船正在为钻井平台值班守护

心中泊船

每一个胜利船舶人，心中都有一艘胜利的船舶……

为了确保合同履行顺利，他们努力适应国际通行的合同管理模式，狠抓设备管理，充分利用船舶作业间隙进行设备检修；严格执行高频电话收听值班制度，值班人员随时携带对讲机，睡觉放在床头，吃饭别在腰间，做到24小时随时听从调遣；为了保证平台物资供应，船员们不论几点，靠港口后第一件事便是补充生产生活物资，以备随时出海。

就这样，在50多天的合同期间，大家没日没夜地连轴转，很多船员都出现了严重睡眠不足的现象，陈仁德50多天里没有睡过一个囫囵觉。

正是凭着这股子拼劲，陈仁德和他的船员兄弟们，用优质的服务、高超的技术战胜了困难、赢得了市场，没有发生一次照会问题，高效保障了甲方的生产。

"心中永远的101"

> 王日强：胜利101船上的每一个舱室、每一台设备、每一名船员我都记得。

采访对象：王日强，山东龙口人，1961年8月出生，1979年11月入伍，1993年4月到胜利油田工作，高中文化，中共党员，船舶初级职称。1996年度"胜利油田文明建设先进个人"，1997年度"胜利油田劳动模范"。

中泊船

每一个胜利船舶人，心中都有一艘胜利的船舶……

1997年，胜利101船执行东营桩西港外航道清淤任务，工作量是80万土方，工期100天。

胜利101船，是油田1978年从荷兰购置的二手绞吸式挖泥船，一直在天津港停泊。到了1985年2月，油田将胜利101船拖回龙口胜利港，经维修改造后正式投产。

面对工期紧、任务重、设备老旧的现实情况，王日强作为胜利101船船长，和大家一起制定了科学合理的施工方案，24小时连续作业，进展比较顺利。

» 胜利101绞吸式挖泥船

但是就在施工即将结束的关键阶段，胜利101船海上输泥管线突然发生泄漏。

容不得多想，王日强立即带领管线班船员兄弟们投入抢修，冒着凛冽的寒风和刺骨的海水，整整干了一晚上，第二天6时抢修完成，挖泥船铰刀再次轰鸣着插入了海底，提前7天完成了整个作业任务。

从2003年8月起，胜利101船开始外闯市场，远离龙口基地，在外独立作战。

在为天津港航道疏浚施工时，由于对海况不熟悉，海底泥质太软，刚施工没多久，固定船位的作业钢桩脱出第一卡箍。当时海上刮着五六级大风，如不及时拔出，钢桩将有可能从下面的卡箍中脱出沉入泥中，造成船舶移位、无法实施挖泥作业的严重后果。

王日强第一个冲上前，在大家的协助下先用钢丝缆将钢桩锁住，然后用液压顶一点一点地将钢桩向上拔起，历时5个多小时才将钢桩回复原位，避免了一次重大事故的发生。

也正是这一次，王日强在插销子的时候，正巧一个浪头打过来，桩腿一歪，把他的右手压在了销子底下，造成了关节脱臼。

在医院将右手关节复了位，做了一下简单的包扎，王日强又回到了船上，和兄弟们一起，继续努力，按期保质完成了施工作业任务。

心中泊船

每一个胜利船舶人，心中都有一艘胜利的船舶……

» 胜利 211 船、胜利 221 船联合为平台提供服务

『甘做冲锋陷阵排头兵』

刘绍鹏：我的口头禅就是——向我看齐！

采访对象：刘绍鹏，山东郓城人，1952年1月出生，1970年12月入伍，1977年3月到胜利油田工作，高中文化，中共党员，船舶中级职称。1999、2000、2009、2010、2011年度"胜利油田优秀共产党员"，2007年度"胜利油田文明建设先进个人"，2008、2009、2010、2011年度"胜利油田劳动模范"。

心中泊船

每一个胜利船舶人，心中都有一艘胜利的船舶……

俗话说"喊破嗓子，不如干出个样子！"刘绍鹏的口头禅就是：向我看齐。

胜利221船每天的生产作业任务十分繁重，但无论多忙，船长刘绍鹏都会带领大家，利用工作间隙或是保养设备，或是整理舱室卫生，任何时候，胜利221船都是舱室整洁、秩序井然，住舱内务整理得犹如部队一样标准。

2008年3月，胜利221船在龙口上坞，当时刘绍鹏脚部受伤感染，脚肿的连鞋都穿不上，但仍然坚持每天在船上落实检查坞修工作，连续上班两个多月，直到坞修结束才回家休息，整个人累瘦了10多斤。

2009年12月的一个大雾天，胜利221船紧急为作业三号平台运送物料。

当时，雾大到在驾驶室都看不清船尾的人员，给靠离平台造成了很大困难。刘绍鹏凭着自己多年的经验和技术，在全船人员的配合下，果断下达了抛锚指令，尾靠一次成功，顺利完成物料运输任务，受到甲方高度赞扬，被称为"最可信赖的合作伙伴"。

2010年年初，受强冷空气侵袭，渤海海域发生30年来最严重的冰情。

刘绍鹏和船员们驾驶胜利221船，紧急驶往河北赵东工区营救被大风和浮冰挤压到岸边搁浅的海恩101浮吊，该船已被困4天，39名人员的食物和淡水等生活物资所剩无几。

此时，海上冰层最厚达到2米多。刘绍鹏义无反顾地驾驶船舶，采用先倒车后往前冲的方式，一点一点地前行，最终艰难靠上海恩101浮吊，为受困的39名人员送上了食品、淡水等生活物资。

随后，又经过多次尝试，终于将海恩101浮吊拖带至安全海域。

刘绍鹏担任胜利221船船长兼党支部书记17年，该船年平均出海天数在330天以上，年均实现创收1000余万元，服务满意率达100%，在胜利油田、船舶中心和中石化的历次检查中均名列前茅，连续12年被评为油田金牌基层队，多次荣获胜利油田行业一强、先进基层党组织、集团公司银牌基层队等。

但在全身心投入工作的同时，刘绍鹏对家人却有着太多的愧疚。"大女儿结婚当天，正赶上重大作业任务，没有赶回去，作为父亲，想想也挺对不住孩子的。"多年之后，刘绍鹏仍然不无遗憾地说。

他早已把天平倾斜于工作，却把对家人的浓浓亲情深埋在心底。

心中泊船

每一个胜利船舶人，心中都有一艘胜利的船舶……

» 胜利 221 船

『没有克服不了的拦路虎』

曲功明：我们保证了油田第一艘500吨全回转浮吊船——胜利151船的顺利投产。

采访对象：曲功明，山东青岛人，1953年5月出生，1972年12月入伍，1986年10月到胜利油田工作，高中文化，中共党员。1999、2000年度"胜利油田劳动模范"。

中泊船

每一个胜利船舶人，心中都有一艘胜利的船舶……

» 1997 年 6 月 28 日，胜利 151 船在胜利 231 船、胜利 501 船、胜利 203 船、胜利 204 船等船的配合下，成功完成总重 480 吨的垦岛中心二号集输平台导管架吊装至胜利 104 驳船作业，是垦岛油田开发以来完成的吨位最重的海上吊装作业

曲功明
"没有克服不了的拦路虎"

1996年，为满足海上石油勘探开发建设需要，胜利油田决定从美国引进一艘苏联建造的500吨浮吊船。因技术过硬，曲功明和其他同志一道，被选派到美国接船。

1997年1月26日，这艘从美国引进的500吨浮吊船，由胜利262船主拖、胜利231船护航，顺利抵达龙口胜利港。随后，该船被命名为胜利151船，成为油田第一艘特大型海上起重船。曲功明也走上了胜利151船大管轮、轮机长的岗位，承担起了设备管理的重任。

由于油田海上工程紧迫，胜利151船接回后还没来得及进厂检修，就立即投入海上生产，为油建公司吊装海上抗冰导管架。

如何进行维护保养，确保设备性能，保证施工安全？

摆在曲功明等人面前有三只拦路虎：这是油田第一艘海上起重船，大家都没有接触过，对船上的设备都不明白；这是一艘美国购买的苏联建造的船，说明书都是俄文版，有些经过改造的设备的说明书也是英文版的，大家都看不懂；这是已经投产好多年的船舶，而且几经辗转，部分设备已经老化，运转状态不佳，问题出在哪里，大家也说不明白。

曲功明还就是不信这个邪。对浮吊船设备不明白，他就和大家一起，边工作边熟悉，一个舱室一个舱室地查，一台设备一台设备地摸，一段管线一段管线地捋，一个仪表一个仪表地记；同时，积极配合单位组织的人员，对俄文版、英文版说明书进行集中翻译，一点一点地搞明白了浮吊船的所有设备状况，查明白了老化甚至损坏设备的情况。

心中泊船

每一个胜利船舶人，心中都有一艘胜利的船舶……

把500吨浮吊船这个大家伙的设备情况搞明白之后，在确保海上作业任务顺利进行的同时，曲功明积极组织设备自修，恢复了自航能力。配合专家制定详细计划，妥善实施设备改造，使胜利151船在较短的时间内，顺利承担起了海洋工程施工、海上吊装就位、打桩作业、大型海工构件现场预制等重大任务。最终，胜利151船成为胜利油田海洋油气勘探开发的主力工程船舶。

» 胜利油田关于春节期间海洋石油船舶公司抢修胜利151浮吊船出海试作业情况的通报

"设备就是我的孩子"

宋开祥：设备完好率保持在 99%，那就是一种失败。

采访对象：宋开祥，山东日照人，1953年10月出生，1970年11月入伍，1972年3月到胜利油田工作，高中文化，中共党员，船舶中级职称。1999、2001、2007年度"胜利油田文明建设先进个人"，2005年度"胜利油田优秀共产党员"，2005、2006、2007年度"胜利油田劳动模范"，2007年荣获"山东省富民兴鲁劳动奖章"。

心中泊船

每一个胜利船舶人，心中都有一艘胜利的船舶……

» 1998年4月2日，胜利油田首艘消防守护供应船胜利233船投入海上生产

宋开祥
"设备就是我的孩子"

"设备是有感情的，你怎样对它，它一定会怎样对你。"作为轮机长的宋开祥说。

1997年，监造胜利233船，对宋开祥来说是一种别样的考验。这艘船是那个年代胜利油田最先进的电力推进船，全船上百台设备分别来自英国、法国等9个国家，想熟悉、掌握这些设备，光凭借一腔热情远远不够，学习成了宋开祥的必修课。

"我的英语底子几乎是零，设备的说明书基本都是英文的，想搞懂，不下点功夫还真不行。"拿着厚厚的说明书，宋开祥一丝愁云挂在心头。

从说明书汉化到图纸的重新绘制，从设备的使用到日常维护，宋开祥时时刻刻都是在第一现场，有的时候他在机舱里一待就是一天。

超过50℃的机舱，每次上来工装都被汗水浸湿，但是他毫不在意，因为宋开祥知道，平时多流汗，设备就一定少犯"病"，关键时刻就不会掉链子。

胜利233船投产后，连续多年为海洋钻井平台实施物资供应、拖带移就位等作业。单次作业时间较长，最长的一次，主机连续安全运转7天7夜，宋开祥他们和设备一样，经受住了重大考验。

大到主机，小到油泵，宋开祥都制定了详细的保养维护计划。在他眼里，周密的保养维护计划是确保设备安全运行的基础。

有一次靠平台，辅机突然降速，在驾驶室的宋开祥第一时间发现了异样，他以最快的速度冲向集控室，启动备用机，辅机还

中泊船

每一个胜利船舶人，心中都有一艘胜利的船舶……

没失电，备用机已经完成供电，然后他立即带着轮机部人员投入到辅机的检修中。

"我能听出来设备的一丝异样，因为我时刻把它们放在心上，如果不及时处理，船舶会因为失电而失控，后果不敢想象。"宋开祥说。

十几年间，宋开祥任轮机长的胜利233船，设备完好率一直保持100%，船舶在航率一直保持100%；先后荣获"油田设备管理优秀单位""文明建设先进基层单位""先进基层党组织""金牌基层队""工人先锋号"和"中国石化金牌基层队"等荣誉称号；以优良的性能、可靠的设备和优质的服务，高效完成了多项海上拖带与移就位、物资供应、安全守护、应急救援等任务，为胜利油田海上安全生产、清洁生产做出了突出贡献。

"巧借海潮解困局"

> 李东青：一流的作业能力，是风里来、浪里去，一点一滴地锤炼出来的！

采访对象：李东青，山东烟台人，1958年10月出生，1976年12月到胜利油田工作，大专文化，中共党员，船舶中级职称。1997年度"胜利油田优秀共产党员"，1995、2001、2004、2009年度"胜利油田文明建设先进个人"，2002年度"胜利油田劳动模范"。

心中泊船

每一个胜利船舶人，心中都有一艘胜利的船舶……

1996年10月15日，李东青指挥胜利262船和胜利211船北征辽东湾工区，计划抢在寒潮来临之前，将胜利三号钻井平台拖带至东营桩西工区。

15时，胜利211船驶入浅水区，靠上钻井平台带上拖缆。然而，这个总重为4950吨的庞然大物，在海风、海流的冲击下，竟然拖着胜利211船随波向岸边移动。

"不好，胜利三号平台失去控制！"李东青一边通知平台，一边立即组织船舶抛锚，采取措施固定船位，确保平台不再漂移。

平台是不再漂移了，但是接下来怎么办？

摆在李东青他们面前的难题是，胜利211船已经不能独立完成拖带作业，而能够胜任的6500马力拖轮胜利262船，却无法在正常情况下进入平台所处的浅水区。海潮眼看着就要来了，如不能及时完成拖航作业，一周内，平台、船舶都得就地抛锚避风，将严重影响既定的钻井计划，每滞留一天就将给国家造成几十万元的损失。

经过反复的论证推演，李东青和平台、船舶上的同志们商量确定，紧紧抓住当晚一个小时的短暂的高潮期，调用胜利262船直接进入浅水区实施平台拖带作业。

这个决定的风险很大。若在高潮期内不能驶出浅水区，胜利262船就可能搁浅，造成船体严重变形；同时，海面上一道道纵横交错的渔网，在能见度极差的黑夜作业，推进器很有可能被渔网缠住，后果也很严重。

李东青
"巧借海潮解困局"

» 胜利262船实施平台拖带作业

心中泊船

每一个胜利船舶人，心中都有一艘胜利的船舶……

"哪怕只有一线希望，我们就不能放弃努力！"20时，潮水上涨到6米。时机已到，刻不容缓，李东青果断命令胜利262船出发。

胜利262船在夜幕中借着高潮，谨慎地避过一道道渔网，缓缓靠上平台。李东青带领船员用最快的速度，将船舶主拖缆与平台牢牢连在一起。

时间一分一秒地过去了，潮水开始回落。

李东青镇定自若，指挥胜利262船开足马力，拖带平台全力驶向深水区，终于抢在落潮前安全地将平台拖出浅滩。

多年来，也正是李东青这些拖航指挥专家和船员们的持续创新与风浪锤炼，胜利船舶北上辽东湾、南下西沙群岛，航迹遍布四大海，每年平均完成海上重大作业100多次，保持了海上平台拖带与移就位作业安全率100%、一次就位成功率100%、平台对接井口精度合格率100%的优秀记录。

「怒海勇士」

崔建强：船长就是"领头羊"，遇到急难险重任务时，就要带头向前冲。

采访对象： 崔建强，山东莒南人，1961年6月出生，1980年11月入伍，1994年3月到胜利油田工作，高中文化，中共党员，船舶中级职称。2011、2015年度"胜利油田文明建设先进个人"，2012、2013、2014年度"胜利油田劳动模范"。

中泊船

每一个胜利船舶人,心中都有一艘胜利的船舶……

» 胜利241船在东营海域成功救助失联7日渔船,3名遇险渔民获救

2016年11月10日15时，位于黄河入海口海域的鲁寿渔60938船渔民王和荣，右手中指受伤严重，于是和宋旗领、李刚一起驾驶小木船返回岸边，当天晚上下锚在海上过夜。

11日，天刚放亮，宋旗领突然发现，发动机动力失灵了。渔船老板派人上船检查后，确认是电瓶没电了，决定第二天带着新电瓶来更换。天有不测风云，到了下午海上起了大风，失去动力的小木船在大海上随波漂流。

12日一大早，更换电瓶的人到了原来的海域，却找不到他们了，赶紧向渔政部门报了警。此时，糟糕的是，他们三人的电话都没电了，无法与外部联系，也不知道身在何处，任凭小木船在风浪中颠簸。

13日，他们三人好几次看到有船在远处驶过，也有直升机在天空盘旋，但是风大浪高，任凭他们大声呼救，船舶和直升机都没有发现他们。

14日，情况更加严峻，面条只剩下一把了，暖水瓶也已经空了，他们陷入了水尽粮绝的境地。宋旗领把发动机水箱里的水倒进暖水瓶作为救命水。王和荣指着最后一把面条和暖瓶说："不到万不得已，不能吃面条，不能喝水，我们要相信，总会有船来救我们的。"

屋漏偏逢连夜雨。15日凌晨，睡梦中惊醒的王和荣，突然发现船头漏水了，船体也发生了严重倾斜！三人顿时陷入了深深的恐惧中，赶紧用脸盆、舀子拼命往外舀水，宋旗领镇定地用菜刀砍断拴着船锚的缆绳，以减轻船体重量，王和荣坚定地说："咱

心中泊船

每一个胜利船舶人，心中都有一艘胜利的船舶……

们不能离开船，绑在船上，木船不会沉到海底，这样咱们的尸体也容易找到，还能留个全尸。"

天无绝人之路。16日12时左右，风浪把他们的小木船，推到了离一艘刚刚起锚航行的大型油轮四五十米远的地方。此时，油轮已经开动，但他们仍然不死心，挥舞着衣服，拼命呼救。终于，声嘶力竭的他们看到油轮甲板上出来几个人，朝他们这边瞭望并打着打电话的手势，似乎明白了他们的意思，迅速地返回了驾驶舱。

"这下有救了！"虽然不能确定油轮的人到底能不能报警，虽然绝望依然萦绕在他们心头，但宋旗领还是坚定地说。

时间又缓慢地过了两个多小时，"快看，红色的大船，是油田的船！"王和荣大喊。三人互相搀扶着向远处张望，看到一艘红色的大船径直向他们驶来。宋旗领不敢相信这是来救他们的船："渔政船是白色的呀！"王和荣坚定地说："没错，是胜利油田的船，我认识，这就是来救我们的！"

果然如王和荣所说，这正是前来救援他们的胜利油田海洋石油船舶中心的胜利241船。

当王和荣、宋旗领和李刚在海上苦苦煎熬时，鲁寿渔60938船老板和他们三人的家属，早已将他们失踪的信息上报给了渔政、海事和地方政府，相关救援单位也派出了船舶和人员持续在搜寻他们的下落。

16日上午，胜利241船从龙口胜利港驶往东营港海洋应急码头，也接到了搜救失踪渔民的报警。

崔建强
"怒海勇士"

16日12时20分，当行驶至距东营港20多海里处时，再次接到船舶中心桩西调度室和海事部门的救援指令，要求急速前往北纬38°6.6′，东经119°13.96′海域，对一艘渔船上的遇险渔民实施救助。

救援，就是和时间赛跑。胜利241船船长崔建强接到险情，立即调转船头，火速奔赴事发海域。

崔建强是北海舰队海军出身，1994年转业来到胜利油田海洋石油船舶中心，在与大海搏击的35年里，不止一次参与救援任务。

"就像开车把油门踩到底一样"，崔建强开出了胜利241船的最高极限速度。萦绕在船头的海雾，就像冬天里的雾霾，让人看不到前方。时间一分一秒过去，崔建强心急如焚。经过近两个小时的艰难搜寻，胜利241船终于锁定目标。

胜利241船迅速贴近渔船，船员向他们抛下了缆绳，三人得救了，这是他们遇险的第7天。

曾经万念俱灰、已经筋疲力尽的王和荣身体一软，一下子瘫倒在船上，宋旗领的眼泪也夺眶而出。上船后，三人都哭了，紧紧握住崔建强和船员们的手，嘴里反复说着一句话："谢谢你们，恩人！"

胜利241船的船员早已经煮好了面条，还有几个荷包蛋，同时为王和荣已经露出白骨的右手中指实施了包扎。崔建强嘱咐他们，不要一下子吃得太多，等会饿了，还可以再煮。

晚上，直到被送回家，王和荣手里一直攥着那把仅剩的面

心中泊船

每一个胜利船舶人,心中都有一艘胜利的船舶……

条,"我要一辈子留着它,这是胜利油田救我们的见证,让儿孙们记住油田对我们的恩情。"

» 被救人员赠送锦旗

「凡事都要做细做实」

魏春祥：在老一辈石油人身上，我学到了艰苦创业、无私奉献的精神。

采访对象： 魏春祥，天津武清人，1963年1月出生，1985年7月到胜利油田工作，中专文化，中共党员，船舶中级职称。2006、2007、2010、2011年度"胜利油田优秀共产党员"，2005、2006、2007年度"胜利油田文明建设先进个人"，2008、2009、2010、2011年度"胜利油田劳动模范"，2012年荣获"山东省富民兴鲁劳动奖章"。

中泊船

每一个胜利船舶人，心中都有一艘胜利的船舶……

魏春祥自参加工作以来，始终以服务油田、振兴船舶为己任，务实创新，积极作为。尤其是在担任基层单位行政负责人期间，他勇于开拓市场，在管理上精益求精，在服务上追求完美。为保障胜利油田海上安全生产、清洁生产做出了积极贡献。

他广泛进行市场调研，敏锐捕捉市场信息，积极建言献策，主动向用船单位推介船舶装备优势、技术优势、人才优势，与用船单位建立起了稳定融洽的合作关系。先后有胜利261船、胜利262船、胜利291船、胜利292船、胜利151船等多艘船舶成功闯入外部市场，取得了良好的经济效益和社会效益。特别是在抗击2011年第9号强台风"梅花"的过程中，他沉着冷静，制定周密应急方案，指挥胜利261船全体船员克服东海海域地质结构复杂、风大浪高等恶劣海况的影响，在保证自身船舶安全的前提下，将遇险船舶柬埔寨籍华辉轮救助到安全海域。受到了舟山市海上搜救中心的通报表彰，在外部市场打造了胜利油田的品牌，彰显了胜利油田负责任的社会形象。

他积极推行现代企业管理制度，狠抓"安全、设备、成本、人员"等内部管理。始终把安全管理放在重中之重的位置，树立"安全就是效益"的理念，大力推行HSE（健康、安全与环境管理体系）、SEMS（安全和环保管理体系）安全管理体系，坚持"两特"作业领导带班制度，持续保持单位安全生产无事故的良好局面。他充分发挥自己业务技术强，实践经验丰富的优势，大力加强设备管理工作。经常利用船舶靠港、跟船作业、桩西前线值班、船舶修理等时机，实地查看设备的运行状态，指导船员解决各类设备问题，并积极动员船员开展设备自修保养活动，确保设备整体处于良好技术状态。成本管理方面，严格推行单船核算制，实行专项费用专项控制，将成本控制在最低限度。注重调动职工的主观能动性，通过加大奖惩、合理拉开收入差距等手段，提高船员工作的积极性。同时加强对职工的培训，不断提高职工的综合素质，带动了各项工作的开展。

» 船舶修理现场

魏春祥心系单位，大力加强工作作风建设，在机关工作人员中倡导"六讲、四不准"服务理念，在船员中倡导"全过程服

中泊船

每一个胜利船舶人,心中都有一艘胜利的船舶……

务"理念,做到来有迎声、问有答声、去有送声,施工过程及时沟通,施工完毕及时汇报,无法施工及时合理解释。在他的影响和带动下,单位上下形成了"以船为家、以苦为乐、爱岗敬业、拼搏奉献"的生动局面,广大船员依靠精湛的技术、饱满的工作热情、认真负责的工作态度,超强的服务意识及主人翁精神赢得了用船单位的高度信任和赞誉。

由于工作性质的原因,广大船员常年漂泊在海上,工作、生活环境单调枯燥,部分职工存在不同程度的身体、心理健康方面的问题和职业倦怠现象。为此,魏春祥大力倡导船舶"家文化"建设,进一步畅通民意表达诉求渠道,与职工同吃同住同劳动,利用各种机会加强与船员的交流和沟通,鼓励船员说心里话,充分了解职工所思所想所盼,把握职工思想脉搏,确保职工群众能够行主人权、说主人话、尽主人责、享主人利,参与源头决策、参与过程管理。船舶施工作业远离陆地、远离厂区,给船员在工作、生活、家庭等各方面带来诸多不便和困难。他时刻把职工群众的疾苦、冷暖、安危挂在心上,千方百计地为船员办实事、办好事,想方设法解决他们的后顾之忧。船员病了,他会亲自上门探望;船员家庭困难,他会为他们想办法,多方申请困难补助。同时,还把改善船员工作生活条件当作大事来抓,为船舶配备了卫星电视、电脑、文体活动器材,改善了船员的生活和工作环境,让职工群众得到了实实在在的利益。

保持一颗平常心,做一个朴素的平常人,在平凡的岗位上把工作做细做实,是魏春祥孜孜不倦的奋斗目标。

「越向上,越有光」

尹尧遥：最重要的不是我们身在何处，而是我们朝着哪个方向努力前行。

采访对象：尹尧遥，山东莱州人，1969年10月出生，1990年7月到胜利油田工作，中专文化，中共党员，船舶中级职称。1997、2008、2019年度"胜利油田文明建设先进个人"，1995年度"胜利油田劳动模范"。

中泊船

每一个胜利船舶人，心中都有一艘胜利的船舶……

1990年9月，刚刚参加工作不足两个月的尹尧逞，主动请缨承担起龙口基地测量工作，绘制出了龙口基地首张集供暖、供水、供电等管网信息于一体的标准测绘图。30多年过去了，该测绘图仍然发挥着重要作用。

1993年至1998年在综合管理站工作期间，尹尧逞深入一线摸底勘察，针对锅炉热效率低、供暖管路不合理等缺陷造成的大量住户暖气不热、供暖成本居高不下的状况，他通过查阅资料、咨询专家、和同事商讨等办法，制订出了科学合理的改造方案。

在领导的支持下，维修大队顺利实施了炉膛结构、送引风流程改造，并对部分供暖管网进行了调整，大大提高了锅炉热效率，有效地降低了燃煤消耗，让龙口基地居民彻底告别了通着暖气生炉子的窘迫状况。

之后，尹尧逞来到胜利233船做了一名船员。

岗位变了，但是他的钻研精神一点没有变，上班的时候积极研究设备学习技术，休班在家的时候也不闲着。

一次休班的时候，尹尧逞陪着妻子到商场买衣服。可妻子从试衣间出来却找不到他了，左等右等不见人，打电话一问，他说突然想到一个关于船上CPU断电处理设想的关键点，要赶紧回家记下来。

原来，尹尧逞发现，胜利233船的PLC监控系统，虽然功能强大、设备自动化程度高，但是对电力供应要求也非常高，如果CPU断电3分钟，内部程序将会全部丢失，全船动力设备就会全部瘫痪，而且要恢复至少需7天时间，由此造成的损失可能高达

30多万元。尹尧遥一直想自己动手解决，但备用电源不兼容的问题让他苦思冥想不得要领，直到突发灵感。

几天后，尹尧遥按照预定的方案，顺利解决了监控系统供电问题，为船舶的正常营运提供了可靠的设备保障。

时间就像一张网，你撒在哪里，收获就在哪里。

尹尧遥所在胜利233船一直承担着海洋钻井平台物资供应、平台拖航等任务，主机最长连续运转了7个昼夜，对轮机设备性能提出了更高的要求。他组织轮机部全体人员利用靠港避风时间，对全船设备台台过滤仔细梳理，做到早发现问题早做处理，妥善解决了控制蓄电池充电线路开路、倒车舵控制阀漏油、滑油低位误报警等设备故障。

同时，他利用自己的知识储备，对胜利233船的油料消耗进行科学分析，创造性地提出了节油方案，制定最佳航速，使胜利233船当时油耗率在单位一直处于最低，每年节约燃油60余吨。真正实现了低成本、高收入，为油田海上上产和单位降本增效做出了贡献。

心中泊船

每一个胜利船舶人，心中都有一艘胜利的船舶……

» 胜利 233 船实施平台安全守护

> **「为职工群众服务不怕脏和累」**
>
> 王瑞太：不为人所知不重要，重要的是能够为职工群众做点好事。

采访对象：王瑞太，黑龙江双鸭山人，1949年11月出生，1967年9月到胜利油田工作，初中文化，中共党员。1994年度"胜利油田劳动模范"。

心中泊船

每一个胜利船舶人，心中都有一艘胜利的船舶……

1993年的一天，维修队队长王瑞太和同事接到家属区污水管道外溢的维修通知，立即赶往泄漏地点实施维修。

掀开地沟盖板一看，沟内污水粪便有60多厘米深，气味难闻，顶得人直反胃。王瑞太第一个穿上皮裤下到污水沟内，用湿毛巾捂住口鼻，弓着腰蜷着身子用手摸索，终于发现是一处悬空接头断裂。他当即招呼同事关闭阀门，拿来工具排污、焊接。

当王瑞太满身污秽爬上来时，一下子就瘫坐在地上，半天才直起腰。

同事们都劝他好好休息休息，王瑞太却说："现在比之前好多啦，以前修'马葫芦'，连一条皮裤都没有，就那样跳进齐腰深的粪池中，一锹锹、一勺勺地挖。"王瑞太是东北人，还是习惯把下水道叫作"马葫芦"。

1996年大年三十，大家都沉浸在欢度春节的喜庆氛围中，值班的王瑞太正在贴春联，突然接到锅炉队打来的电话，说暖气返回水压在不断下降，可能是主管线漏了，小区已经有153户停暖。

接到通知后，王瑞太二话没说，立即召集值班及轮休在家的人员赶往抢修现场。马上就过年了，大家也都觉得，哪里漏了，差不多堵一下就行了。

可当他们到达现场一看，都呆住了，热气腾腾的暖气水顺着主管线呼呼地往外涌。

那一年的冬天格外的冷，又刚刚下了场大雪，不要说在外边干活，就是站一会儿也会被冻得手脚发麻。王瑞太当即指挥人员关掉主阀门，拆开保温层。主管线的保温层由岩棉和玻璃丝布包裹，有15厘米厚，戴着手套不方便拆卸，王瑞太就摘掉手套，拿上工具开始拆，同事们说玻璃丝会伤害皮肤，可王瑞太却说："没事，搽点药膏几天就好了，不赶紧修好，这大过年的，150多户居民怎么办！"

在他的带动下，同事们都下手帮忙拆，管线里的存水把棉服都湿透了，虽然冻得直打冷战，可谁也没有停下手里的工作。

焊工拿焊枪的手握得时间长了都张不开了，大家就轮班干，饭也顾不得吃一口，从9时开始，直到16时，最后一个焊点终于焊好了，大家齐声喊着"成功了！"这时，才发觉手脚都冻麻了，一个个的都快冻成冰棍了。

第二天大年初一，王瑞太和同事们在维修队互相拜年时，都说："这个年，可真有意义！"

中泊船

每一个胜利船舶人，心中都有一艘胜利的船舶……

» 20 世纪 90 年代厂区风貌

「一颗永不生锈的螺丝钉」

杜永运：保持精益求精的匠心，才是对工作最大的尊重。

采访对象：杜永运，山东龙口人，1954年2月出生，1972年12月到胜利油田工作，高中文化，中共党员，技师。2005、2012年度"胜利油田优秀共产党员"，2001、2002、2003、2007年度"胜利油田文明建设先进个人"，2004、2005、2006、2007年度"胜利油田劳动模范"。

心中泊船

每一个胜利船舶人，心中都有一艘胜利的船舶……

2001年，随着龙口基地基础建设力度的加大，海舟建安分公司承担的工程任务越来越多，技术愈加复杂，管理难度也进一步增加，对作为经理的杜永运提出了更高的要求。

杜永运有句口头禅："能干会干真好汉。"通过摸索，他在队伍中推行了承包管理，根据工程预算，以工程用料为基础，把某一个分项工程承包给工人；同时，为了使材料全部用于工程上，避免偷工减料，要求上交水泥袋进行检查，如果出现工程返工现象，给予所浪费材料的双倍罚款。

通过一系列行之有效的措施，管理得到了强化，效率得到了提高，工程质量得到了保证，工期进度也得到了大大加快。

2003年，龙口基地实施排污系统改造，在铺设管线时，由于没有吊车，一根管子全靠8个人抬着进行对接，一天下来，只能安装十来根，按照这个速度肯定无法按期完工。

为此，杜永运经过反复研究，利用杠杆原理，制作了多个简便的吊装工具，每个小组每天就可以对接30多根管子，大大提高了工作效率，缩短工期近20天。类似这样的设备、工具、工艺方面的更新、创新，杜永运累计有30多项，创造了可观的经济效益，多项工艺还被其他施工单位采用。

对于建筑行业来讲，起早贪黑是再正常不过的事。

多年来，杜永运从未休过完整的节假日，几乎每天都是准点从家里出发，却很少准点回家，家里一天要比别人家多做一两次饭，有时接到一些临时的急活，就更是没有了时间观念，也根本顾不上吃饭。

杜永运
"一颗永不生锈的螺丝钉"

　　在工程紧张的时候，每天天刚蒙蒙亮，杜永运就出现在工地上，和那些年轻的小伙子一样，在工地上一待就是一天，现场指挥、调度物料、勘察质量，从没有因为岁数大而放松对自己的要求，保证了各项工程的高质量实施。

» 2005年5月，龙口基地胜海小区

中泊船

每一个胜利船舶人，心中都有一艘胜利的船舶……

» 早期船舶厂区

"在浪尖上起舞的船长"

邹 伟：船长就要把风、浪、流等因素当成朋友，才能操好船、操稳船。

采访对象：邹伟，山东淄博人，1975年1月出生，1994年9月到胜利油田工作，大学文化，中共党员，船舶中级职称。2012、2014、2015、2016、2017年度"胜利油田优秀共产党员"，2004、2005、2009、2010年度"胜利油田文明建设先进个人"，2012、2013、2014、2015、2016年度"胜利油田劳动模范"，2013年"中国石化劳动模范"，2016年度"胜利油田敬业奉献道德模范"，2016—2017年度"中国石油化工集团公司精神文明建设标兵"。

中泊船

每一个胜利船舶人，心中都有一艘胜利的船舶……

2014年8月23日4时，在东海油气田作业的胜利292船接到生产指令：海洋石油942平台作业完毕，实施减载移位，需要将高宽各5米多、重75吨的平台封井设备吊放至胜利292船甲板上。

由于平台吊车吊臂作业范围有限，巨大的封井设备只能从平台桩腿和井口中间20多米的空隙吊放。如此一来，胜利292船必须将船尾插到这狭窄的空隙中，在正下方接卸设备。

胜利292船宽15米，虽然理论上可以将船尾插入平台和井口中间，但船两侧距离平台和井口实在太近，只有两米多，而且所处海域潮流是旋转流，稍不留神，不是碰撞平台桩腿，就是碰撞油气井口，而无论桩腿还是井口，都是万万不能碰撞的。

» 2015年5月19日，胜利292船在东海工区完成"南海七号"平台拖带就位任务

邹 伟
"在浪尖上起舞的船长"

这样的施工，胜利292船是第一次，难度可真是"超五星"。

作为胜利292船船长的邹伟倒是很沉得住气，立即组织船员研究作业方案，制定应急预案，将工作任务分配到每一个人。他自己则认真详细地观察分析了风向、风速、流向、流速、作业环境等因素后，告知甲方，吊放作业时间窗口只有一个小时，必须在潮流的平流期间完成作业。

邹伟谨慎地操纵着船舶，将船稳稳地停在了平台桩腿和井口中间，75吨的平台封井设备有惊无险地吊放至胜利292船甲板。

正当大家都松了一口气的时候，新的难题出现了，平台吊放设备所用的4个大卸扣，每个都1米多高，本身处于悬空状态，拆卸又必须人工实施，十分费时费力。

一个小时的平流期即将过去，邹伟立即通知大副、二副将甲板作业人员全部合并一处，集中人力一个一个的拆除卸扣。

时间在一分一秒地流逝，海上流速逐渐加大，邹伟用车和侧推的频率越来越高，使用的功率越来越大，船尾和船舷两侧的浪花也渐渐增大，但船依然稳定在平台和井口的正中位置。

好消息终于传来了，甲板的弟兄们成功将4个大卸扣全部拆除，胜利292船在涨潮的最后时刻，装载着75吨平台封井设备，安全驶离了平台。

97

心中泊船

每一个胜利船舶人，心中都有一艘胜利的船舶……

» 胜利292船在东海工区为世界第一起重船"蓝鲸"号实施起抛锚作业

船舶映像
—— 感谢为胜利船舶努力奋斗的人

» 1994年6月20日，胜利104起重船完成改造首次出海作业，安全顺利完成埕北11B井口平台的吊装作业

心中泊船

每一个胜利船舶人，心中都有一艘胜利的船舶……

» 1995年，海洋石油船舶公司首届职工健身舞比赛

» 1996年5月18—19日，海洋石油船舶公司召开一届一次职代会

船舶映像
——感谢为胜利船舶努力奋斗的人

» 1997年8月22日，胜利油田首次海上溢油回收演习

» 1998年6月5日，"六五"世界环境日活动

中泊船

每一个胜利船舶人，心中都有一艘胜利的船舶……

» 1999 年 5 月 16 日，海洋石油船舶公司首届职工运动会

» 2000 年 8 月 29 日，油田电视台在龙口胜利港拍摄《家庭大厅》节目

船舶映像
——感谢为胜利船舶努力奋斗的人

» 2000年10月1日，龙口基地文化体育广场投产

» 2001年11月11日，海洋石油船舶公司召开第一次党代会

心中泊船

每一个胜利船舶人,心中都有一艘胜利的船舶……

» 2002年8月9—12日,海洋石油船舶公司第一届职工技能竞赛

» 2002年,职工家属消夏文艺晚会

船舶映像
——感谢为胜利船舶努力奋斗的人

» 2003年9月20日,胜利油田第一艘10000马力多用工作船——胜利291船建成投产

» 2004年3月4日,举行"迎厂庆"群众歌咏比赛迎接公司成立10周年

中泊船

每一个胜利船舶人，心中都有一艘胜利的船舶……

» 2004年5月9日，海洋石油船舶公司成立10周年庆祝大会

» 2004年，"共青团"杯青年足球联赛

船舶映像
——感谢为胜利船舶努力奋斗的人

» 2004年8月2日，"船舶之夜"职工家属时装秀活动

» 2005年4月20日，龙口基地至龙口市区专线交通用车通车运行

中泊船

每一个胜利船舶人，心中都有一艘胜利的船舶……

» 2005年6月9日，新投产的胜利242船船员

» 2006年7月28日，"八荣八耻"人人须知、生命之歌大家唱歌咏比赛

船舶映像
——感谢为胜利船舶努力奋斗的人

» 2006 年 3 月，因犯罪分子打孔造成垾岛海底输油管线破裂，船舶中心实施溢油应急任务

» 2008 年 10 月 3 日，胜利 242 船在黄河海港南侧救援遇险的"皖洪远 2548"货轮和 6 名遇险船员

心中泊船

每一个胜利船舶人，心中都有一艘胜利的船舶……

» 2007年8月26日，胜利242船在桩西海域成功营救2名落水渔民

» 2007年7月26日，油田2007年度海上溢油及消防联合应急演习暨海洋应急中心成立10周年庆祝大会

船舶映像
——感谢为胜利船舶努力奋斗的人

» 2008年5月1日，油田为完成福建湄洲湾施工任务的胜利251船、胜利232船记集体三等功

» 2008年7月1日，船舶中心为青岛奥帆中心提供围油栏围控海面浒苔，保障第29届北京奥运会暨残奥会帆船比赛顺利进行

111

心中泊船

每一个胜利船舶人，心中都有一艘胜利的船舶……

» 2009年5月9日，海洋石油船舶中心成立15周年暨胜利船舶首航34周年庆祝大会被授予"船舶功臣"的老职工

» 2009年6月25日，"我要安全"主题演讲比赛

船舶映像
——感谢为胜利船舶努力奋斗的人

» 2009年11月4日,胜利291船荣获"全国水运系统安全优秀船舶"荣誉称号

» 2010年8月10日,胜利油田表彰实施大连溢油应急作业人员

心中泊船

每一个胜利船舶人，心中都有一艘胜利的船舶……

» 2012年6月26日，中国石化海上联合应急演习

» 2013年11—12月，胜利241船、胜利212船、胜利503船和100余名溢油应急队员及指挥人员在青岛黄岛海域实施输油管道泄漏爆炸溢油应急任务

船舶映像
——感谢为胜利船舶努力奋斗的人

» 2013年11月26日，应急队员在青岛市黄岛实施海洋溢油回收作业

» 2014年10月11日，家属"进一线、送真情"活动

❤ 中泊船

每一个胜利船舶人，心中都有一艘胜利的船舶……

» 2015年4月，胜利262船船员在风浪中实施作业

» 2015年10月31日，胜利617船船员消防演练

船舶映像
——感谢为胜利船舶努力奋斗的人

» 2016年4月28日,"迎五一"职工越野赛

» 2016年7月14日,胜利503船在威海参加西北太平洋行动计划中韩海上溢油应急联合演习

心中泊船

每一个胜利船舶人，心中都有一艘胜利的船舶……

» 2017年5月10日，溢油回收船胜利505船建成投产

» 2017年10月12日，"喜迎十九大 颂歌献给党"职工小合唱比赛

船舶映像
——感谢为胜利船舶努力奋斗的人

» 2018年3月15日，员工群众广场秧歌活动

» 2018年9月19日，海洋石油船舶中心志愿服务分队成立

119

❤ 中泊船

每一个胜利船舶人，心中都有一艘胜利的船舶……

» 2018年10月14日，海洋石油船舶中心组织"企业文化宣传方队"参与2018"青创杯"龙口国际马拉松赛

» 2018年11月，船舶文化展厅建成

筑梦远航

在新时代中国石化"打造世界领先洁净能源化工公司"、胜利油田"建设领先企业、打造百年胜利"的新征程中，胜利船舶这支胜利油田唯一提供船舶服务、海洋应急、港口管理的专业化队伍不仅肩负着保障海上油田的海域安全、清洁生产、绿色发展的使命，还承担着海上应急救援，保护国家财产、人民生命安全的社会责任和参与社会市场经营、保障国有资产保值增值的经济任务。以"做专做精打造一流，勇立潮头为国保油"为价值理念和奋斗目标，大力实施"强基固本、提质增效，优化提升、竞争发展，行业引领、内涵发展"三步走战略，持续做专做精核心业务，展现着新的历史作为。

胜利船舶，踔厉奋进，筑梦远航，乘风破浪，驶向希望的远方！

中泊船

每一个胜利船舶人，心中都有一艘胜利的船舶……

» 胜利舰队劈波斩浪，筑梦远航

心中泊船

每一个胜利船舶人，心中都有一艘胜利的船舶……

中泊船

每一个胜利船舶人，心中都有一艘胜利的船舶……

» 胜利油田龙口基地地标雕塑"启航"

「以一流能力保障海上安全绿色发展」

张久安：勤勤恳恳干事业，兢兢业业履职责。

采访对象：张久安，山东龙口人，1967年9月出生，1990年7月到胜利油田工作，大学文化，中共党员，高级工程师，胜利油田船舶工程高级专家，海洋石油船舶中心原经理。2002年度"胜利油田文明建设先进个人"，2003、2004年度"胜利油田劳动模范"，2004年"中国石化劳动模范"。

中泊船

每一个胜利船舶人，心中都有一艘胜利的船舶……

多年以来，无论在什么岗位，张久安都将"做专做精，打造一流"作为对自己、对工作、对单位的目标和要求，牢记油田党委的重托和职工群众的信任，励精图治、兢兢业业地履行好职责，全心全意、勤奋努力地做好每一项工作。

特别是在船舶中心经理的岗位上，张久安和班子成员一道，团结带领广大职工群众，立足保障油田海上安全清洁生产、绿色发展这个核心责任，持续转变观念、激发内生动力，持续创新引领、培育核心优势，持续深化改革、释放发展活力，持续强基固本、提升管理成效，推动各项工作全面向一流迈进，圆满完成了各项生产经营任务，高效保障了海上安全清洁生产，保持了船舶中心和谐稳定、持续发展的良好局面。

全力推进海上特别是滩浅海一流应急能力建设。立足保障油田海上安全生产、清洁生产核心责任，围绕打造海上特别是滩浅海一流应急能力，总结经验、苦练内功，全面强化海洋应急能力建设，积极借鉴应急救援先进经验和模式，以油田海上勘探开发保障和海洋环境保护为着力点，以专业建设、能力提升、技术质量进步、标准制定、体系配套等为主抓手，持续优化应急队伍结构，加强应急队员专业技能培训，规范应急标准体系，补强应急救援装备，实施跨区域视频系统建设，加大应急演习演练力度，不断打造专业化、现代化应急体系，提升应对突发应急事件特别是极端恶劣气象条件下的应急处置能力，勇担区域内和社会应急救援任务，彰显了胜利船舶的品牌价值。

全力推进一流船舶服务能力建设。立足服务于油田海上勘探开发和增储上产，围绕做专、做精、做强船舶主业，瞄准先进、看齐一流，从人员、装备、作业技术等方面入手，深入研究市场需求、技术需求和服务需求发展态势，建立完善各类生产运行、重大施工作业标准和程序，努力构建作业手段现代化、船舶服务精准化、生产过程标准化、生产运行信息化的生产经营管理模式，着力提升复杂海况、复杂区块、复杂技术的船舶作业技术能力和服务水平，努力打造施工技术专、运行管理精、作业能力强、服务质量高的胜利船舶服务品牌，为油田海上作业提供了更加安全、更加高效、更加有效益的一流服务。

全力推进改革创新和企业管理工作。深入贯彻改革部署要求，解放思想、创新思维，打破级别束缚和传统思维，立足做专做强船舶主业和核心能力，围绕重点难点问题，突出一线队伍，全面优化体制机制和人力资源结构，积极推进专业化整合、社会化服务、扁平化管理，制订相关激励考核办法，鼓励员工向一线、向价值创造岗位流动，解决好一线缺员问题，推动各项工作持续健康发展。积极配合做好业务专业化整合工作，妥善实施"四供一业"及社区管理、卫生院、幼儿园等办社会职能移交，确保了各项工作的稳步推进。

全力推进一流专业化队伍建设。持续加大形势任务教育、观念引导和文化引领，推动员工观念再转变、作风再转变、方式再转变，鼓励员工群众的首创精神，维护员工群众的切身利益，推动员工与企业共成长。按照"水手＋"的专业人才培养要求，立足海上应急救援和船舶服务核心业务，坚持一专与多能相结合，

心中泊船

> 每一个胜利船舶人，心中都有一艘胜利的船舶……

优化完善高技能人才培养和评价体系，发挥激励性年金等政策作用，创新开展岗位练兵、职业技能竞赛、职业技能鉴定等工作，畅通人才成长通道，引导技能人才向"一岗精、二岗通、三岗会"的多面手提升，提高复合型、专业型、专家型人才比例，打造了一支高素质专业化的铁军队伍，为船舶中心持续高质量发展奠定了坚实基础。

» 2016 年 12 月 16 日，新建溢油回收船胜利 505 船下水仪式

128

为你"点"盏希望的灯

韩海峰：我愿像海燕一样，在辽阔的海洋上搏风击浪，展翅翱翔。

采访对象：韩海峰，陕西礼泉人，1974年3月出生，1994年9月到胜利油田工作，中专文化，中共党员，船舶中级职称。2015、2016、2017年度"胜利油田优秀共产党员"，2012、2013、2014年度"胜利油田文明建设先进个人"，2015、2016、2017年度"胜利油田劳动模范"，2018年"中国石化劳动模范"。

❤ 中泊船

每一个胜利船舶人,心中都有一艘胜利的船舶……

» 2019年2月18日,胜利292船在东海工区为海上平台提供服务

韩海峰
"为你'点'盏希望的灯"

2019年8月4日20时40分，东海工区集钻井、开采、运输于一体的大型综合性平台发生严重失电故障，情况十分危急。

韩海峰和船员们临危受命驾驶胜利292船，迅速赶往平台实施紧急救援。经过6个多小时的航行，8月5日3时抵达平台附近。

由于失电，平台一片漆黑，如何靠上平台成了一个大难题。韩海峰命令三副打开两盏探照灯照着平台，大副在后甲板进行现场指挥，"20米，15米，10米，……"，胜利292船逐渐抵近平台，又经过一番波折，终于与平台建立了电缆链接，开始为平台输电。

这是胜利292船第一次进行对外输电作业，由于平台电缆下放处较窄，而且海水流速较快，船舶需要长时间"钉"在海面上，韩海峰紧紧盯着电缆，不停调整着船位。

1个小时、2个小时、4个小时过去了，平台上终于传来好消息，发电机故障成功排除，实现了自主发电。

2019年8月9日，中心风力达17级的超强台风"利奇马"袭击东海工区，准备返回锚地避风的胜利292船，突然接到上级指令，要求协助平台人员紧急撤离。

十几座平台，每座平台相隔数十海里，每一环节都来不得半点马虎。

狂风暴雨连同着巨浪一起袭来，船体大幅度晃动，船长韩海峰和每位船员的五脏六腑也都在翻江倒海。驾驶室只有高频电话、电子设备发出的声音，每个人都在默默地"享受"着洗礼——别人是在大撤退，而韩海峰他们则是逆行而上！

心中泊船

> 每一个胜利船舶人，心中都有一艘胜利的船舶……

直到最后一座平台上最后一架直升机安全撤离，胜利292船才调转船头，顶着狂风恶浪，艰难返航。

途中，胜利292船又接到海事部门指令：在台风影响期间，负责舟山马峙锚地及附近所有避风船舶的安全守护工作。

由于台风威力巨大，锚地及周边聚集了几百艘大小货船、工程船和渔船，情况十分复杂，而咆哮的台风，让人感到恐慌。胜利292船20几寸的雷达屏幕，密密麻麻的船舶回声点，让驾驶值班的船员神经绷得紧紧的，始终处于一级应急状态，每当有一艘船舶出现锚点偏移，值班人员都会在第一时间进行询问和提醒。

近50个小时的安全守护过程中，胜利292船始终保持备双车、值双岗班，圆满完成了应急守护任务。

"星光不问赶路人"

薛克柱：既然选择了远方，就当奋勇前行。

采访对象： 薛克柱，山东沂南人，1975年5月出生，1996年8月到胜利油田工作，大专文化，中共党员，船舶中级职称。2017、2018年度"胜利油田文明建设先进个人"，2020、2021年度"胜利油田劳动模范"，2022年"中国石化劳动模范"。

心中泊船

每一个胜利船舶人，心中都有一艘胜利的船舶……

2022年国庆节的7天长假里，胜利505船轮机长薛克柱的女儿一直在跟妈妈抱怨，爸爸怎么这么不守信用，连续4年"食言"。

"确实有点解释不过去，孩子今年大三，每年都想利用国庆小长假带她们两人出去转转，每次都近在咫尺，却又遥不可及。"薛克柱说。

"有空我们送你上学去，很想看看你的校园"，这句话薛克柱从孩子考上大学说到了大三。女儿也是听多了，有点抱怨地说："别送了，等着参加我的毕业典礼吧！"

山东东营胜利油田垦岛工区，2022年10月的第一天清晨，海上宁静祥和，没有了夏日的燥热，代之以徐徐秋风，胜利505船伴着第一缕阳光再次起航。

胜利505船是胜利油田海上工区的专业溢油巡视船，同时担负着为海上采油平台CB22F供给化学驱油药剂的任务。因为气象原因，胜利505船需要抢在大风来临前，为该平台补充足够的药剂，时间紧、任务重。

CB22F平台作为胜利油田投产的第一个海上化学驱油"试验田"，运行已经一年多的时间。这一年中，"试验田"精耕成了"示范田"，作为唯一为该平台提供化学驱油药剂的船舶，胜利505船共计运送液体料、散料等化学驱油药剂2680吨，聚丙烯酰胺3163.8吨，石油磺酸盐2630吨，这既是成绩又是突破。

作为整艘船舶的设备负责人，薛克柱知道自己肩上的责任。让船舶设备运行率和完好率保持在100%，做到甲方一有生产指令船舶立即就能出海作业，这就是薛克柱给自己定下的目标。

薛克柱
"星光不问赶路人"

为此，薛克柱将"上医治未病"的方法和意识运用到轮机管理实践中，超前介入，让绝大部分的设备故障被排除于萌芽状态。

但是设备在强负荷下运转，难免会出现问题，而出现问题第一时间解决问题，就成了薛克柱和他的团队的"拿手戏"。

有一次，船舶在航行中，机舱值班人员发现2号副机机带淡水泵泵轴处渗水，而且有逐渐增大的趋势，便将情况汇报给薛克柱。

薛克柱责令紧急更换1号副机。待船舶靠好平台后，便不顾机舱超过40℃的高温，带头实施抢修，拆除水泵、更换密封垫、安装螺丝，由于空间狭小，给修理带来很大的困难，而安装必须丝毫不差，每一个环节都不能马虎。经过轮机部所有人员的共同努力，从16时一直到21时，终于完成了任务，大家才匆忙的吃上了晚饭。

» 2018年7月20日，胜利505船参加中国石化、中国石油和中国海油首次海上联合应急演练

心中泊船

每一个胜利船舶人，心中都有一艘胜利的船舶……

这样的生活，薛克柱早已经习惯。20多年的航海生涯中，风浪、抢修、没有手机信号，这些困难都是家常便饭。近年来，他先后带领轮机部门的兄弟们，完成了后主发电柴油机排烟异常、分油机水密封故障停机、应急发电机无法自启动等20多项较高难度的设备故障自修工作，保证了船舶生产的顺利进行。

在做好设备维护保养的基础上，薛克柱带领创新团队不断发掘和释放自身潜能，从破解日常工作难题出发，积极开展技术改革和创新工作，先后完成了LED舱顶灯启动模块再造、绑靠平台快速带缆方法、破解锚链缠绕专用工具等创新成果42项，撰写的《主机回水融冰技术在冰区航行船舶的应用》等论文在胜利油田设备管理论文评比中多次获奖。

2022年10月1日国庆节当天，石化V视大型直播活动走进胜利一线船舶，薛克柱的女儿和妻子通过手机进行了观看，从驾驶室到机舱，从船员工作到生活，让手机这边的母女有些动容。

"我知道爸爸为啥总爱唱我为祖国献石油了，以前还总是嫌他土，原来爸爸的工作这么有意义，我要给爸爸打个电话。"女儿对妈妈说。

然而这个电话却没有打通，因为薛克柱正在前往垦岛工区的航行中。

"21千米，一米一米地前进"

朱劲峰：只有干别人不敢干的活儿，才能证明胜利船舶的实力。

采访对象： 朱劲峰，天津南开人，1976年6月出生，1996年7月到胜利油田工作，大专文化，中共党员，船舶中级职称。2018、2019年度"胜利油田优秀共产党员"，2013、2014、2015、2018年度"胜利油田文明建设先进个人"，2017、2018、2019年度"胜利油田劳动模范"。

心中泊船

> 每一个胜利船舶人，心中都有一艘胜利的船舶……

2017年2月1日，历时两个多月，胜利252船和胜利253船配合滨海109船实施起抛锚作业，在渤中工区两座平台之间，实施长达21千米的海底管线铺设任务。

"这好比要给两座平台搭建一座桥梁，也是个精细活，考验的是我们两艘船的协同作战能力和与甲方的沟通协调能力。"胜利252船船长朱劲峰说。他深知，只有干这种别人不敢干的活儿，才更能证明"胜利船舶作业"的品牌实力。

滨海109船是非自航铺管起重船，共有船锚8口，每口锚重达十几吨。每前进一步，都需要胜利252船和胜利253船合作为其起抛锚，每次起抛锚作业都需要几个甚至十几个小时的连续作业。

"21千米，我们是一步一步向前挪，一米一米地前进，急不得，慢不得。"胜利253船船长付士帅说。

付士帅嘴里的"急不得，慢不得"，并不是随口说说。

渤中工区冬季盛行偏北季风，海况复杂，海面涌浪较大，对船舶铺管作业影响较大。为了不耽误工程施工，朱劲峰和付士帅两位船长每天都提前做好气象分析。

"这个工区环境复杂，很多时候没有手机信号，设备出现问题只能靠自己，不敢大意。"时任胜利253船轮机长的薛克柱说，为保证上百台设备安全运转，轮机部人员加强巡检，一旦发现问题，立即处理。

胜利252船和胜利253船是同一天投产运行的姊妹船，图纸一样、设备一样。为此，两艘船建立联动机制，配件互通、技术互通。"两艘船就是滨海109船的两条腿，密切配合才能让滨海109

船走得稳、走得快。"朱劲峰形象地说。

整个项目，姊妹船通力协作，没有因为一次设备和技术故障，导致船舶停航，这在船舶海工市场，算是一个奇迹。

海上工作不是简单的重复，除了面对大海的无常，起抛锚技术也给他们带来不小的考验。

工区海底有铺设好的管线，起抛锚作业时，钢缆和海底管线有可能接触，存在极大安全隐患，为此，胜利252和胜利253船对复杂海域采用倒抛锚作业。

倒抛锚作业不仅对船舶操作提出更高的要求，作业时间还成倍增加。作业时，锚头钢缆要越过海底管线，加上海上风浪的影响，船舶操纵技术和甲板作业要配合得非常默契。

"这些对我们来说是难题，但能克服，也必须克服。"胜利252船大副孙立元坚定地说。闯市场这么多年，船员们的技术得到很大的锻炼，加上平时的培训和练习，大家在技术方面信心十足。

但更令人佩服的，是大家的吃苦精神。

朱劲峰说："工程顺利时，滨海109船的8口锚需要不间断抛起移动，一个浪过来，甲板作业人员的衣服鞋子就被全部打湿，船员根本来不及换，就会进行下一道施工作业。由于甲方要求的工期紧，天气恶劣，两船一直提供连续起抛锚作业服务，船员们在4个月的时间里只回家倒休了5天。"

"特别能吃苦、特别能战斗，他们不服输的精神，很让我们感动。"甲方项目经理夸赞道。

❤ 中泊船

每一个胜利船舶人，心中都有一艘胜利的船舶……

» 姊妹船：胜利 252 船和胜利 253 船

近年来，海工市场竞争比较激烈，朱劲峰知道外部市场项目来之不易，不但要用扎实的技术服务留住客户，应对突发事件的能力也尤为重要。

2018年8月，台风肆虐，当时滨海109船还有5口定位锚在海里，第一口锚起上来时，风速已经达到13米/秒，第二口锚起来的时候风速已经达到20米/秒，滨海109船出现大幅度摇晃，而且海面井口较多，朱劲峰与甲方紧急沟通后，决定滨海109船弃锚，由胜利252船拖带驶往锚地避风。

十几次试靠、挂拖，胜利252船横摇超过20度，大风大浪中，稍有不慎就会造成两船船毁人亡。

经过不懈努力，胜利252船最终将缆绳成功挂上滨海109船，拖带着安全抵达避风锚地。

大风过后，朱劲峰和船员们驾驶着胜利252船，拖带滨海109船抵达工区，又开始了新的作业。

心中泊船

每一个胜利船舶人，心中都有一艘胜利的船舶……

» 2019年2月26日，《中国石化报》纪实报道专版

"海上花开"

苏先锋：干工作就是要做到人无我有、人有我优。

采访对象：苏先锋，山东菏泽人，1977年4月出生，1996年7月到胜利油田工作，大专文化，中共党员，船舶中级职称。2000、2017年度"胜利油田文明建设先进个人"，2021年度"胜利油田劳动模范"。

心中泊船

> 每一个胜利船舶人，心中都有一艘胜利的船舶……

"北纬37°31.319′，东经121°27.767′，这就是海洋牧场'耕海1号'永远的家，这朵'海上花'终于开了，再次感谢海洋石油船舶中心的将士们"。2020年5月26日1时30分，"耕海1号"在完成拖航精就位后，甲方项目负责人紧紧抓住李大炜的手。

17个小时的连续作业，所有的疲惫都在这一刻烟消云散，李大炜、苏先锋、尹桂波3名船舶拖航指挥和胜利242船16名船员都为这一刻感到骄傲，因为他们刚刚完成的杰作成了烟台市的海上新地标。

"耕海1号"海洋牧场平台采用钢结构坐底式结构，由3个大小相同的直径40米圆形子网箱旋转组合而成，构成直径80多米的"海上花"形象，每朵"花瓣"养殖体积约10000立方米，总养殖体积30000立方米。到了夜间，全面开启灯光的"耕海1号"，犹如海上明珠一样在黄海璀璨绽放，与靓丽的海岸线呼应，成为城市新景观。

接到项目后，船舶中心专门成立了项目小组，该平台属国内首座，形状不规则，不光拖带起来难度很大，关键在于15个小时的连续不间断压载，平台要一动不动的保持在原位置，为此，拖航小组把拖航方案细化到了极致。

航线要经过养殖区，就位海域位于海岸线附近，拖航必须要万无一失。于是，拖航小组不仅根据甲方的要求做好了应急预案，而且还对种种可能出现的困难情况做好了充分的思想准备。因为身经百战的他们知道，海上施工永远要比方案难度大得多。

李大炜、苏先锋、尹桂波于2020年5月25日7时30分登上"耕海1号"，迅速就位，各司其职，有条不紊地展开了各项工作。

"主拖轮带1号和2号缆桩，胜利242船带右后缆桩，起拖时用10%的负荷离港，……"，在一个个指挥命令下，"耕海1号"于9时缓慢离开来福士船厂。

距离就位目的地6海里，平日里一个半小时就可以行驶到，这次他们把时间放到了3个小时，3000多吨的平台在拖轮拖带下缓慢前行，顺利通过养殖区，于12时抵达预定海域。接下来的工作，就是调整方位、平台压载坐底。

平台注水压载坐底时间预估大约需要15个小时，如何在这漫长的15个小时内让平台停在既定方位，这是考验拖航小组的关键时刻。

主拖轮和平台首相一致，并在规定点进行抛锚，因为海底有大量的光缆，光缆关乎整个烟台市的信息传送，不能有半点闪失。

在拖航指挥的协调下，胜利242船不断调整航向，把在海浪和暗涌冲击下摇摆不定的"耕海1号"平台及时拖拽到预定位置。

一个小时，压载水量并没有达到预期效果，6台泵开始同时工作，拖航指挥苏先锋知道，他们要和潮汐抢时间。

时间一分一秒地过去，一直到19时，平台角度在20度之间偏移，拖轮按照指令时刻调整着方位。

按照预定方案，20时30分平台可能触底，他们要在平台触底前，让平台的首向置于120度的方位。

心中泊船

每一个胜利船舶人，心中都有一艘胜利的船舶……

» 海洋石油船舶中心实施"耕海1号"海洋牧场平台拖带与精就位作业

苏先锋
"海上花开"

"触底后，平台方位如果达不到要求，我们调整起来将会难上加难。"苏先锋说。

22时，平台触底，压载达到要求，方位120度，此时拖航小组已经连续工作了13个小时。

5月26日1时，"耕海1号"平台稳稳地落在预定位置，测试灯光也在瞬间点亮，李大炜、苏先锋、尹桂波又急匆匆地登上返航船舶，因为下一座平台的拖带移就位作业已经定在了12个小时后。

"这朵'海上花'，真的是太漂亮了，如果有时间、有机会，我们一定带着家人再回来看看。"苏先锋对尹桂波说。

"耕海1号"海洋牧场平台，不仅为港城烟台增加了一个"海上看烟台"的地标式休闲海洋文旅项目，还形成了"蓝色粮仓+蓝色文旅"模式，为烟台市现代海洋经济发展的新业态做出了贡献。

这也是胜利船舶人的骄傲，因为是他们把这朵花"种"在了这片海上。

心中泊船

每一个胜利船舶人，心中都有一艘胜利的船舶……

5月26日，胜利油田海洋石油船舶中心胜利242等三艘大马力拖轮经过近17小时的拖带，完成大型现代化海洋牧场综合体"耕海1号"精就位作业。 新华社发

5月25日上午7时许，海洋石油船舶中心航海首席专家李大炜等三名拖航指挥登上平台岗位进行指挥。解缆、起航，3000多吨的平台在拖轮拖拽下缓慢前行，胜利242船紧随护航。中午12点，平台准确抵达预定海域，开始注水压载坐底。

5月26日，胜利油田海洋石油船舶中心胜利242等三艘大马力拖轮经过近17小时的拖带，完成大型现代化海洋牧场综合体"耕海1号"精就位作业。 新华社发

浏览量：866700

» 《人民日报》、新华社客户端报道"耕海1号"海洋牧场拖带与精就位作业消息

"红衣初心映碧海"

杨海滨：练就一流作业能力，擦亮船舶服务品牌。

采访对象： 杨海滨，山东东营人，1975年12月出生，1995年9月到胜利油田工作，大学文化，中共党员，船舶中级职称。2003、2006、2020年度"胜利油田文明建设先进个人"，2020年度"胜利油田疫情防控先进个人"，2021年被评为"胜利油田创新创效标兵"。

心中泊船

每一个胜利船舶人，心中都有一艘胜利的船舶……

"20多年前来到船舶中心，从一名水手做起，一步步见证了胜利船舶的发展，是单位培养了我，我和胜利船舶是连在一起的"，海洋石油船舶中心生产指挥中心经理杨海滨说。

说这句话时，杨海滨心里不止有感恩，更多的是自豪，因为在他们手里，浅海平台拖带与移就位作业技术确实是行业内的翘楚，是国内一流水平。

每次出海拖航，杨海滨总是穿戴红色的工装，在蓝色大海的映衬下，格外的显眼。

对于海洋船舶人习以为常的海上拖带和移就位作业，更多人是不了解的，它就像在海洋里搬家，把海上钻井、采油或作业移动式平台，从一个井位移向另外一个井位，而这样的移动，来不得半点马虎、半点差池。

多少年的风浪磨砺，让杨海滨知道，外人嘴里简单的一次"搬家"，却是实打实的技术活，受气象、海风、潮流、海底等环境因素制约，加之海上移动设施和船舶自身状况，赋予了拖带与移就位作业更多的特殊性、不确定性和复杂性。

也就是这样每年上百次的拖带与移就位作业，练就了杨海滨的"火眼金睛"，每一次，他总是能把平台不差毫厘地"放"在预定位置，也让甲方多次竖起大拇指。

"在船长的岗位上开始跟着老师傅们接触拖航，我也有责任把这个技术接着传下去"，杨海滨说。

攻克海洋石油162平台高精度抛锚就位作业。

探索推进"人+技术"业务输出模式，完成来福士船厂

H1293平台的移泊，开拓了新市场。

组织胜利252船拖带津航浚217船，首次进入长江口北支航道复杂水域并穿越崇启大桥。

以总承包方式完成渤海自立号浮吊、海洋石油282平台的拖带移就位作业，从CCS（中国船级社）检验、潜水、定位、海底调查等前期的准备工作到施工方案编制、组织施工，均达到行业一流水平。

》组织船舶生产运行

心中泊船

> 每一个胜利船舶人，心中都有一艘胜利的船舶……

完成国内首座深水智能化网箱"长鲸1号"的精就位、烟台新地标"耕海1号"及"国鲍1号""鲲鹏1号"等海洋牧场平台的下水和拖带、精就位工作，助力国家、山东省蓝海战略。

一个个海上拖带与移就位作业的顺利实施，一项项急难险重任务的圆满完成，无不沁透着杨海滨他们辛勤的汗水。

在实施海上重大船舶施工作业的同时，杨海滨作为生产应急指挥部门的负责人，按照地方政府、胜利油田和船舶中心的指令，先后指挥协调成功处理了2018年"温比亚"和"摩羯"台风抢险、2019年"利奇马"台风海上工区险情应对、2021年青岛"交响乐"油轮泄漏溢油应急等重大抢险任务。

从每年几十次拖带作业到120余次的跨越，从渤海、黄海、东海、南海的来回奔波，一张张"答卷"的背后，是杨海滨和他的团队身上背负的责任。作业安全率、井口就位合格率、一次就位成功率均达到100%，每年直接创效近2000万元，这是他们答卷的成绩。

2022年11月10日，当海洋石油船舶中心党委常委、工会主席臧运玉把1个油田集体三等功、7个油田个人三等功的奖牌、奖状送至生产指挥中心杨海滨手中时，杨海滨很是激动，他知道，这是对他和他们团队最好的肯定。

"越是艰险越向前"

丁 勇：关键危难时刻，必须拉得出、冲得上、顶得住、打得赢！

采访对象：丁勇，山东东营人，1973年11月出生，1993年9月到胜利油田工作，研究生文化，中共党员，高级经济师。2015、2019年度"胜利油田文明建设先进个人"，2021年被评为"胜利油田创新创效标兵"。

心中泊船

每一个胜利船舶人，心中都有一艘胜利的船舶……

2021年4月27日，青岛潮连岛东南海域，航行中的巴拿马籍杂货船"义海"轮与正在锚泊的利比里亚籍油船"交响乐"轮发生碰撞，导致"义海"轮艏部受损，"交响乐"轮左舷第2货舱破损，数千吨船载货油泄漏入海，造成海域污染，构成特别重大船舶污染事故。

事故发生后，山东省应急、海事部门和胜利油田立即指令海洋石油船舶中心派遣专业溢油回收船和应急队员实施应急救援。按照指令，丁勇作为海洋应急中心经理，第一时间便带领应急队员乘船赶赴青岛事发海域。他知道，这又是一场硬仗，危难时刻，冲锋陷阵时他必须冲在最前面，这是多年来实施海洋应急任务中，他始终坚守的一个原则。

虽然历经过多次海上溢油应急作业的实战，但抵达现场后，丁勇和应急队员们还是被眼前的景象所震惊，溢油总覆盖面积达到4300多平方千米，而且是很少见的黏稠沥青油，回收处理难度很大。

到达现场后，三艘专业溢油回收船胜利505船、胜利503船、胜利212船立即展开溢油回收作业，"启动船载收油机，释放收油拖网，布放吸油拖栏，喷洒装置准备，冲锋舟下水，……"，随着丁勇的一道道指令下达，一场攻坚战迅速展开。

丁勇以身作则，和应急队员们一直冲在第一线，每天天一亮就冲进溢油应急现场，返回时已是深夜，每天连续作业十几个小时。除了指挥现场作战，丁勇每天还要在海上指挥部和专家组对气象、海况、溢油扩散、漂移路径等变化情况做出研判，第一时

丁 勇
"越是艰险越向前"

间拿出处置方案。

"海上溢油会随着风浪迅速扩散，因此处置要快，不然会对海洋环境和渔业生产、船舶航行造成很大影响；同时，需要加强应急力量的综合协调，集中作战，形成合力"，丁勇说。

30多天的连续作战，哪块骨头最难啃，哪里就有丁勇和应急队员的身影，很多时候，风急浪大、海况复杂，他们顶着刺鼻辣眼的油熏味咬牙坚守，长时间的甲板作业使得应急队员们早已疲惫不堪，但手中的清污作业一刻也不曾停息。

》 胜利油田海上综合应急演练

心中泊船

每一个胜利船舶人，心中都有一艘胜利的船舶……

30多天里，丁勇和应急队员共回收含油垃圾220吨、污油水190立方米、原油78100千克；释放吸油拖栏4000米、清洁剂10320千克，凭借优良的工作作风和显著的作业业绩赢得了相关部门的高度评价。

丁勇明白，"拉得出、冲得上、顶得住、打得赢"的背后，是应急队员们长年累月的苦练流汗换来的。

自胜利油田专业化海洋应急队伍组建以来，无论春夏秋冬，无论狂风恶浪，丁勇和他的兄弟们，数十年如一日，摸爬滚打、刻苦训练，他们知道，平时多流汗，战时方能赢。

除了日常技能、战术训练，多年来，丁勇牵头组织或参与修订完善了多类多项海上、滩浅海突发事件应急预案。依据应急预案组织开展演练实战，再依据演练实战修订完善应急预案。做到了什么样的应急任务用什么样的处置措施，什么情况下开展应急作业最科学、最有效，他们做到了知己知彼。

多年来，丁勇参与或牵头组织实施了多项重大险情应急处理作业，如"华龙湾"油轮火灾、"3·12"埕岛输油管线泄漏、"7·16"大连新港海域溢油、"9·7"作业三号抢险、"11·22"黄岛输油管线爆炸溢油、"丰盛油16轮"油品泄漏、韩国籍"五号气船"气体泄露、"摩羯"台风抢险、"利奇马"台风抢险、蓬莱工区溢油应急、青岛海域溢油应急等。为保护海域环境、促进海上安全清洁生产做出了突出贡献。

"作为海洋应急工作者，我们时刻准备着，在惊涛骇浪中，在骤风急雨时，负重前行，迎难而上！"丁勇坚定地表示。

> 『海是「根」，船是「家」』
>
> 王晓东：家里有你我放心，但船上没我真不行。

采访对象：王晓东，山东广饶人，1973年5月出生，1994年9月到胜利油田工作，中专文化，中共党员，船舶中级职称。2021年被评为"胜利油田创新创效标兵"。

心中泊船

每一个胜利船舶人，心中都有一艘胜利的船舶……

"家里有你我放心，但船上没我真不行。"一边是年事已高的母亲住院治疗，一边是船舶重大拖航作业任务在即，进退两难之际，胜利242船船长王晓东只能把"尽孝"的责任交到妻子手中，撂下这一句话，又匆忙踏上归船的途中。这是2020年4月的一天。

胜利242船是海洋石油船舶中心的主力拖航船舶之一，一年中大部分时间都处在拖航、移就位作业中。王晓东深知，海上气象瞬息万变，拖航工作又是一项高风险、高难度的作业，容不得一点马虎，稍有不慎，将会给胜利油田和海洋石油船舶中心带来巨大的经济损失。

有一次，在接到拖带中海油"渤海自立号"平台任务后，王晓东带领全体船员立即起航。此次拖带由蓬莱19-3工区至秦皇岛工区，整个拖航航程近200海里，途经潍坊、京唐、天津、沧州4个航运密集区和长山、老铁山两个交通密集区，航行难度和移就位作业大相径庭。

如何最大限度地保障甲方平台的安全，最大程度地降低胜利242船的作业风险，既安全又优质高效地完成此次任务，是拖航前王晓东在思索的问题。

在拖航就位过程中，王晓东发现"QHD33-1"井组平台系综合生产平台，就位面不规则，一侧伸出一只40多米长的燃烧臂，且生活区及直升机平台探出就位面20余米，给移就位作业带来很大困难，对船舶操纵造成不小的安全隐患。

凭借多年操船经验和游刃有余的操船技术，王晓东操纵船舶一步步向就位面靠拢，最近时安全距离不足2米，达到操船极限。1小时50分钟的紧张操作，王晓东出了一身汗，紧握操纵杆的手很久才伸展开。

日常工作中，王晓东充分调动党员及骨干船员力量，集思广益，创造性开展"一对一互监互助"工作法，促进船员之间发现不足、提醒改进、互相学习、共同进步。确保船员精神状态积极向上、船舶管理水平稳步提高、整体战斗力不断提升，"船舶一家人"的氛围更加浓厚。大力推进安全、节约、技术"三效合一"发展，确保每项任务安全优质高效完成。航行中，安排由党员骨干带班，实行"三值守"，确保航行安全；优选最经济、最安全航线；采取"单车航行"等措施，最大限度降低油料等消耗，实现降本增效；组织船员积极参与岗位大练兵，立足各自岗位开展技术创新。在他的带领下，总结提炼的"撇缆推送杆"等创新成果有效提升了工作效率。

近年来，胜利油田海上开发力度持续加大，胜利242船拖航移就位的工作量大幅增长。"我是党员，向我看齐"，王晓东用实际行动喊出这一口号。每年近300天的出海作业，让年仅5岁的小女儿只能透过视频看到爸爸。

山东省"安康杯"竞赛活动优胜班组、油田"工人先锋号"、"油田基层管理妙法实招"一等奖、"胜利油田创新创效标兵"等，一项项集体和个人荣誉，就是对王晓东及胜利242船全体船员的肯定和褒奖。

心中泊船

每一个胜利船舶人，心中都有一艘胜利的船舶……

"人生没有圆满，作为船员，就注定家庭和工作难以兼顾。而大海就是我的'根'，船舶就是我的'家'！"在海上工作了近30年的王晓东，凝视着远处的作业平台平静地说。

» 胜利242船成功救助一艘外籍油轮伤员

"精耕细作催开'海上花'"

魏延江：记录真历史，传播正能量，树立好形象，引领新风尚。

采访对象： 魏延江，陕西蒲城人，1972年1月出生，1994年7月在西安参加工作，1998年7月调到胜利油田工作，研究生文化，中共党员，高级政工师。2014年度"胜利油田优秀共产党员"，2007、2009、2012年度"胜利油田文明建设先进个人"，2021年被评为"胜利油田创新创效标兵"。

中泊船

每一个胜利船舶人，心中都有一艘胜利的船舶……

2020年5月25—26日，海洋石油船舶中心圆满完成了"耕海1号"海洋牧场平台拖带与精就位作业任务。

围绕此次作业，魏延江和宣传部门的同志们牢记海洋石油船舶中心作为油田唯一的船舶服务、海洋应急、港口管理专业化单位的特性。坚持"镜头对准船舶，笔头朝向船员"的原则，以"海上花开"为主题，全方位开展新闻宣传，努力讲好船舶故事，为胜利品牌增光添彩。

海洋牧场是山东省经略海洋、建设海洋强省的重点项目，而"耕海1号"是全国首座综合性、示范性、集成性的智能化大型现代生态海洋牧场综合体平台。从政治影响分析，此次作业是海洋石油船舶中心参与海洋强省建设、助力地方经济发展的重要行动；从经济效益分析，此次作业是落实油田做好新冠疫情防控、全面攻坚创效部署的重要体现；从开拓市场分析，此次作业实行项目总包，在自身力量不足的情况下雇用一艘社会船舶，在外闯市场增效益方面具有一定的示范意义；从社会效益分析，此次作业是展示海洋石油船舶中心专业化核心作业能力、彰显胜利品牌形象的良好机遇。这就是全力推进"耕海1号"作业新闻宣传的价值意义。

明确了此次作业的重要性，魏延江和同事们立即上手认真做好前期准备工作，从经营部门要来《项目概况简介》，从生产、安全等部门要来《拖航就位作业方案》《"耕海1号"平台拖航作业通航安全保障方案》，从作业意向洽谈到参加招标，从甲方验船到合同谈判，从现场勘验到项目最终确定，都安排专人密切跟踪了解进展情况。依据实际情况制定现场拍摄采访方案，确定目标媒体和新闻宣传方向。

2020年5月25日6时左右，魏延江安排宣传人员崔舰亭携带照相机、摄像机和无人机登上"耕海1号"，安排宣传人员李福起携带照相机、摄像机登上拖带船舶胜利242船。9时多正式挂拖启航，3000多吨的平台经过两个多小时拖带，顺利抵达定点海域，开始实施注水压载坐底精准就位。17个小时的连续作业期间，两名宣传人员与作业人员一起吃泡面、喝冷水，迎风面海、登高爬低，紧盯现场每一个环节，从空中、平台、船舶等不同角度，对不同场景和不同时段作业情况进行拍照、录像，跟进拍摄采访，以新闻工作者的视角讲述施工作业背后的故事。

作业结束后，魏延江和同事们加班加点汇集整理各种素材，在最短的时间内形成文字稿、图片稿和视频稿。充分发挥多年来构建的内外结合、媒体融合、油地兼顾的宣传阵地作用，在内部网站、微信等网络平台第一时间发布，及时将稿件报送胜利日报、油田电视台、中国石化报等媒体；同时发挥宣传人员崔舰亭作为新华社签约摄影师的作用，将稿件报送至新华社、人民网、"学习强国"、《大众日报》、《齐鲁晚报》，以及搜狐网等各级各类媒体平台。其中，新华社客户端《国内首座综合体平台"耕海1号"投入使用》点击量103万次，被各类媒体转发120多次。

随后，魏延江和同事们将同一类型新闻体裁进行归类，在海洋石油船舶中心完成"国鲍1号"和"鲲鹏1号"海洋牧场平台

❤ 中泊船

> 每一个胜利船舶人,心中都有一艘胜利的船舶……

作业后,又相继以"国宝回家"和"鲲鹏展翅"为主题开展宣传报道,与"海上花开"形成了系列报道,并于2020年6月拍摄制作了专题片《蔚蓝色的脚印》,发挥新闻的"后续价值",进一步展示海洋石油船舶中心聚焦价值引领,克服新冠疫情影响和市场低迷,实现逆势突围,在外部市场取得的成绩受到各方一致好评。

» 中央及山东省媒体记者到海洋石油船舶中心采访报道

在这个"家"过年心里踏实

姚长兴：每个船员都有两个家，一个是和亲人们的"小家"，一个是和兄弟们的"大家"。

采访对象：姚长兴，甘肃平凉人，1974年11月出生，1996年7月到胜利油田工作，大专文化，中共党员，船舶中级职称。2018年度"胜利油田文明建设先进个人"，2021年荣获"山东省新时代岗位建功劳动竞赛标兵"。

心中泊船

> 每一个胜利船舶人，心中都有一艘胜利的船舶……

临近2020农历新年，胜利291船船长姚长兴和船上的兄弟们正在埕岛海域实施平台拖带移就位作业，这样的拖航移就位作业，姚长兴和兄弟们在2019年干了100多次。

"这是年前完成的最后一次平台拖带移就位作业了，一定要干得漂漂亮亮的。"姚长兴对身边的三副说。

胜利291船是胜利油田唯一一艘万匹马力、无限航区的多用途工作船，担负着平台及海上大型构筑物的拖航就位、油田海上生产保障及恶劣海况下的安全守护、抢险救助任务。

在姚长兴的记忆中，参加工作以来，总共和家人一起在家过了两个春节，第一个春节是孩子出生那年，第二个春节是父母那年身体欠佳。

2020年春节是孩子上大学后的第一个春节。放寒假回来后，孩子虽然同往年一样在家没见到父亲，但是少了很多抱怨，他已经理解了这个平日里鲜有露面的父亲。

"我知道，从当船长开始，我便有了两个家，一个家是'小家'——父母、我、老婆、孩子；另外还有一个家，这是'大家'——我和船员兄弟们。"姚长兴这样说。

一年365天，他和他的船员兄弟们在一起的时间大约在280天左右，有时甚至更长，一艘船就是一个"家"。

这些年，姚长兴和他的船员兄弟们战风浪、搏激流，完成过多少急难险重的任务、参与过多少次抢险、救助过多少人员，他似乎都记不清了。整个胜利油田埕岛油区和周边海域的平台、船舶，每当有急难险重的任务、每当遇到恶劣天气和紧急情况时，

姚长兴
"在这个'家'过年心里踏实"

大家会第一时间想到胜利291船，希望它就在附近，而每一次，胜利291船都在！

2017年1月12日，韩国籍液化气运输船"五号汽船"在东营港附近突发液化气泄漏险情，不但使该船和船上15名船员陷入危险境地，对东营港危化品作业区也造成了严重威胁。地方政府领导和胜利油田领导高度重视，立即指令海洋石油船舶中心派遣船舶实施应急救援。

姚长兴驾驶胜利291船紧急驶往泄露现场，担负起事故船舶的安全警戒和环境监测任务，并开展不间断测爆。一直到1月14日8时，"五号汽船"在专家的协助下，成功实施漏点封堵，姚长兴和船员们都长长地舒了一口气，随后按照指令，继续做好安全守护，直到险情完全排除。

2017年7月21日下午，一艘集装箱货轮在天津海域遭遇大风，导致数个集装箱坠落入海。在强劲西北风的影响下，集装箱随着海浪向埕岛工区海域飘来，如不及时处置，一旦与平台相撞，将造成平台倾斜、油井泄漏等不可预计的严重后果。

接到应急任务后，姚长兴和船员兄弟们，驾驶胜利291船顶着大风第一时间投入抢险，根据海事部门提供的集装箱漂流方向，仔细开展搜寻。一直到第二天8时43分，胜利291船发现并及时处置了两个已经漂流到采油平台井口附近的集装箱，并协助其他船舶对发现的另外两个漂浮集装箱实施了应急处置，消除了海上安全隐患。

工作了27年，姚长兴在这片海域服务了27年、守护了27年、保障了27年。在姚长兴心里，和船员兄弟们过年，和他们守护着

心中泊船

每一个胜利船舶人，心中都有一艘胜利的船舶……

这片海域的安全、清洁，就是他们的初心和使命，是他们每时每刻的责任。

"年夜饭""饺子""守岁""贴福字"，这些属于年的符号在船上少了一些，但是姚长兴知道，因为责任他们聚在一起，也因为责任他们要一直坚守。

"在船上和兄弟们过年，守着这个'大家'，我觉得很安心。"吃完年夜饭，姚长兴走上甲板，看着远处岸上不时绽放的烟花，拿出手机，开始给"小家"里的亲人们拜年……

» 胜利291船成功处置海上"漂浮物"

"让爱永远传承"

石海燕：把奖励捐出去后，就是把这份正能量传递下去。

采访对象： 石海燕，山东诸城人，1977年1月出生，1998年7月到胜利油田工作。2016年度"山东好人"、月度"中国好人"，2017年度龙口市"见义勇为道德模范"、胜利油田第六届"感动胜利"人物、胜利油田"十佳"文明家庭、山东省"第六届全省道德模范提名奖"，2019年度"全国最美家庭"。

心中泊船

每一个胜利船舶人，心中都有一艘胜利的船舶……

胜利油田第六届"感动胜利"人物奖颁奖词：纵身一跃，划出人生最美的弧线；奋力一举，举出世间最雄伟的高度。她用肩膀造化出生命之梯，用临危不惧的担当弘扬了人性的光芒。善行义举后的悄然转身，彰显的正是守谦退之节、恒久不变的善良。

在大家的心目中，石海燕就是一个热心肠的"傻大姐"，爱管"闲事"、爱操"闲心"。她加入"今日龙口慈善义工群""义工朋友自驾群"，帮助果农义卖滞销的苹果，帮助自闭症儿童义卖自制的发卡，定期到贫困儿童家中送书籍文具，点点滴滴，用石海燕的话说是"微不足道"，却彰显出了一颗善良、友爱的心。

2000年8月，石海燕到北海游泳，在距海岸四五十米的深水区，听到一个男人在大声呼救，立即游了过去，发现是一个女人在海里挣扎，抓住那个男的直往下沉。没有二话，石海燕立即憋气踩水，和男的一起拼命将女人拖往岸边。

女人得救了，而石海燕感觉快要虚脱了，两腿颤抖，浑身无力，在岸边坐了好久才缓过劲。

2016年4月24日，龙口市道恩湖公园举办昆虫展，吸引不少市民前往参观游玩。10时30分左右，道恩湖中突然传出阵阵呼救声，原来是一对母女不慎落水。眨眼间，两个人影跳进了湖中，其中之一就是石海燕。当时孩子落水的地方水深2米左右，水温大概10来度，情况十分危急。

石海燕游了几分钟后将落水儿童托起，在水中一边安抚小女孩，一边奋力游到湖边。上岸后，石海燕悄悄消失在了人群中。

石海燕
"让爱永远传承"

» 2017年5月16日,石海燕参加"感动胜利"颁奖典礼

中泊船

每一个胜利船舶人，心中都有一艘胜利的船舶……

当天，龙口当地的微信公众号发出消息，号召一起寻找跳水救人的"好心大姐"。在众人转发下，石海燕的同事才知道了她的义举。

她说："当时落水儿童离湖边较远，作为一名母亲，根本没时间想后果，救人是第一位的，我会游泳，而且我儿子就在跟前，我得给他做个表率。"

石海燕再次成了朋友和同事口中的女英雄，可她却说自己受之有愧。

"你是胜利船舶人的骄傲，是我们学习的榜样"，领导看望慰问石海燕时说。为鼓励见义勇为的正义之举，单位为她颁发了奖金。石海燕随即把奖金转赠给了龙口当地的义工组织。"奖励是为了鼓励正能量的行为，我把它捐出去，就等同把这份正能量继续传递下去。"石海燕说。

> "一定要救他"
>
> 刘　娜：赠人玫瑰，手有余香。

采访对象： 刘娜，山东日照人，1978年1月出生，1995年7月到胜利油田工作，大学文化，中共党员，高级政工师。2015年度"胜利油田百优青年志愿者"，2018年度"胜利油田优秀青年志愿者""2018—2019年度全国无偿捐献造血干细胞奖奉献奖"，2019年度"胜利油田道德模范"，2022年度"龙口市见义勇为造血干细胞捐献者先进模范"。胜利油田和龙口市首位女性捐献者。

心中泊船

> 每一个胜利船舶人，心中都有一艘胜利的船舶……

"快，快躺下休息！"医生紧张地说。临近年关，山东省立医院内即将进行造血干细胞捐献的刘娜突发美尼尔氏综合征，面色苍白、眩晕恶心、冷汗不止。

"一切尊重患者意愿。"专家建议中带有妥协。病床上的刘娜咬着牙，没有退缩，义无反顾地履行着捐献诺言，"我一定要救他！"

刘娜是海洋石油船舶中心卫生院的一名医护人员，多次参加无偿献血的她，5年前主动加入了中华骨髓库。

"我怎么这么幸运，能救他是一件很有意义的事情。"2017年10月，龙口红十字会的一个电话让刘娜喜出望外却又难以置信。上海一名刚出生即被诊断有血液病的男婴，与她的造血干细胞配型成功，希望能得到她的帮助。在非血缘关系中，这种配型成功的概率可谓微乎其微，如同大海捞针。

刘娜第一时间将消息分享给丈夫黄家涛。黄家涛有些犹豫，因为他知道这5年来刘娜的身体变化很大，年龄已经超过40岁，对于捐献者来说算是高龄，况且身体状况也不是特别好。

"我加入骨髓库的承诺不是5年，而是永远，只要身体允许，我随时准备着。"刘娜的执着感动了黄家涛。

2018年2月2日，刘娜启程前往山东省立医院实施造血干细胞捐献采集。

每天一次血样采集，每天两针动员剂注射，连续5天的动员剂注射，让刘娜肋骨、脊椎越来越痛，医生建议她吃点止疼片。

"受捐者是个那么小的孩子，我吃药会影响造血干细胞的质量，我再忍忍吧。"捐献之前，医生开的止疼药，她一直没打开过。

刘 娜
"一定要救他"

造血干细胞是尚未发育成熟的细胞，是所有造血细胞和免疫细胞的起源。造血干细胞潜伏在扁骨中，人的血液中含量并不高。刘娜注射的动员剂，就是把潜伏在扁骨中的造血干细胞释放到外周血液中。

然而意外还是出现了，连日来的奔波、查体让刘娜的身体出现了问题。高筛完成后的第5天，刘娜突发美尼尔氏综合征，整个人都站不稳，随时会晕倒。

"咬咬牙坚持一下，我能行的。"病痛中的刘娜不乏女性的坚毅，她毅然决然地在志愿捐献书上签名摁下手印。

2月7日，医院开始对刘娜实施造血干细胞捐献采集。漫长的3个小时，看着自己的血液从右手腕被抽出，经过采集机又从左手腕重新进入体内，浑身发麻的刘娜眼神中带有满满的期许。

"完全吻合！"17时上海方面传来消息，刘娜的造血干细胞成功移植到男婴体内，这个男婴的血型也由A型改成了刘娜的B型。

读着受体医院带来的男婴母亲写的感谢信，刘娜十分激动和感慨，因为这特殊的"血缘"关系，她对那位陌生的婴儿生出了一份牵挂，由衷地在心里为他祈祷，祝福他早日康复，茁壮成长。

2月8日，农历小年，刘娜在朋友圈写道：作为一个普通人，我只是做了一件自己喜欢做的事情，如同一次愉快的旅行；你走过的路，你做过的事，你喜欢过的人，都会留下让自己变得优秀的印记，你所做的就是把岁月变成诗篇和画卷。

心中泊船

每一个胜利船舶人，心中都有一艘胜利的船舶……

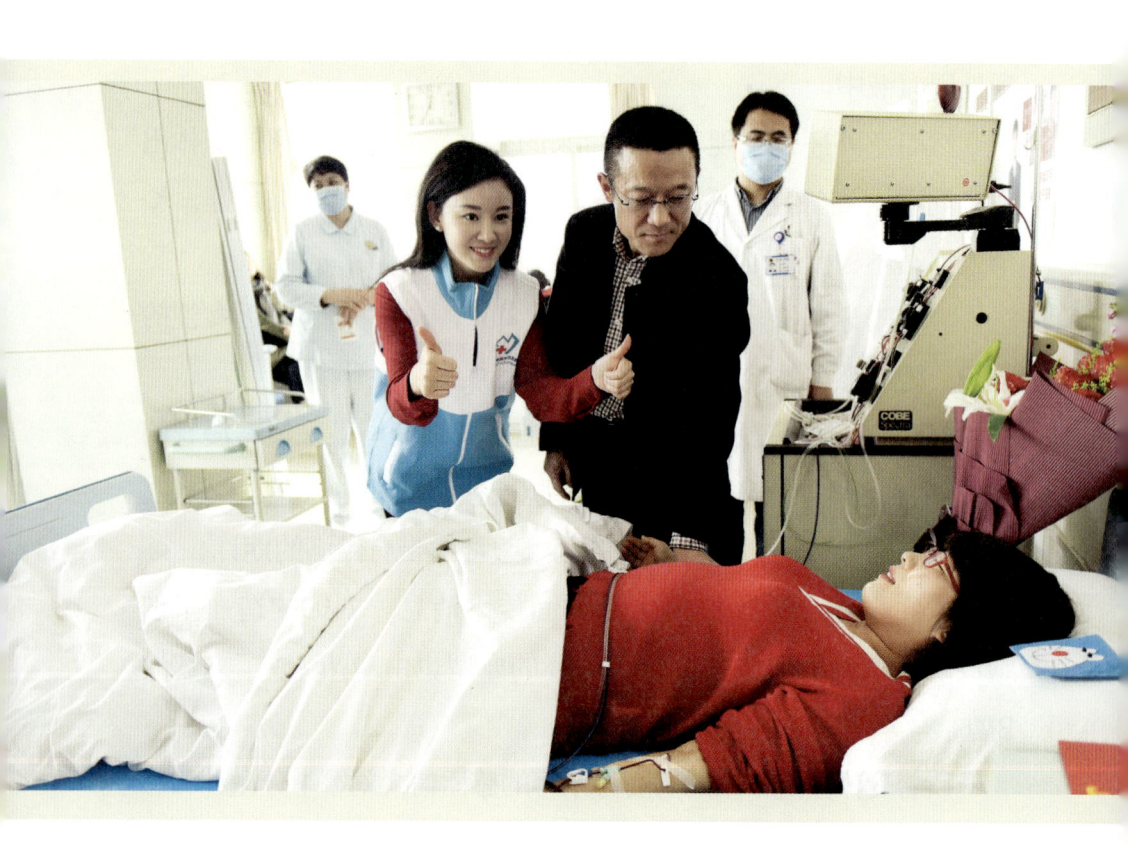

» 山东省造血干细胞捐献形象大使为刘娜点赞

"把青春献给我热爱的那片海"

> 王 磊：在船上，我屋里的灯一直都是长明灯。

采访对象：王磊，山东潍坊人，1982年2月出生，2003年9月到胜利油田工作，大学文化，中共党员，船舶中级职称。2018年荣获第二十四届"胜利油田十大杰出青年"。

心中泊船

每一个胜利船舶人，心中都有一艘胜利的船舶……

2017年9月，海面风力7级，浪高3.5米。胜利292船在东海春晓工区正常靠泊勘探六号平台，突然出现"缸套水温超高停车"报警，左主机停止运转，船舶单靠一台主机很难控制船位，极可能失控碰撞平台。

没有多想，作为轮机长的王磊立即冲下机舱，简短向值班人员了解情况后，迅速组织机舱人员开展故障排查，一部分人员调取电脑监控查看主机停车前各系统运转情况，另一部分人进入超过50℃的机舱检查主机显示参数，并对传感器进行异常情况检查。

经过两路人员仔细的查看分析，最终确定主机本身运行正常，突然停车是因为传感器线路故障误报警所致。故障原因查明，接下来就是要在最短时间恢复左主机运行。但是，又一个棘手问题摆在面前，缸套水温传感器在主机排烟管附近，因主机长时间运转，排烟管附近温度超过100℃，根本无法靠近。

王磊迅速做出决定，立即对缸套水温报警信号短接屏蔽恢复动力。在翻阅相关控制电路图纸后，他独自探入狭窄空间，对PLC（可编程逻辑控制器）控制箱进行报警线路拆卸。当时，船舶在涌浪和单车的作用下左右晃动10多度，人都站不稳，要在这么狭窄的空间里进行精细作业难度可想而知。王磊用牙咬住手电筒，一只手拿着图纸，另一只手握着螺丝刀，逐一查找报警传感器线路接头，豆大的汗珠洇湿了图纸，工服也已被汗水浸透。经过艰难操作，误报警信号终于消失了，启动主机，一切运转正常。

王 磊
——"把青春献给我热爱的那片海"

近20年的海上工作经历，王磊征战于祖国的渤海、黄海、东海、南海四大海区。先后参与完成了蓬莱19-3油田、海南乐东油田、东海春晓油田等多项国家级重点工程的相关作业任务，这样的紧急抢修事件不胜枚举，在大风大浪中"搏击"，他早已习以为常。

» 2015年3月19日，胜利292船在东海工区实施10000吨导管架就位作业

中泊船

每一个胜利船舶人，心中都有一艘胜利的船舶……

» 海洋石油船舶中心实施港口船舶应急消防演练

「乘风破浪战四海」

2020年8月12日『胜利日报』一版头条

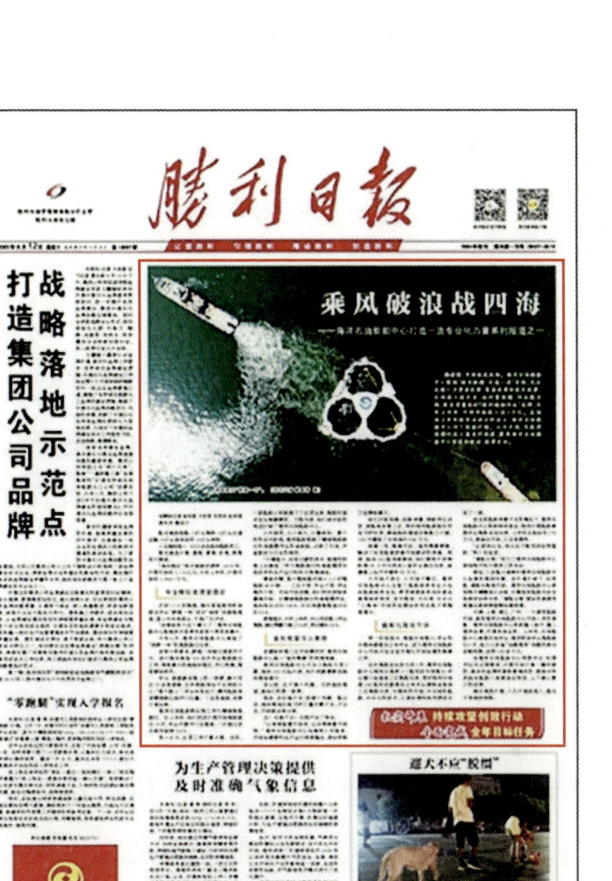

《乘风破浪战四海》作者：徐永国　王东奇　田承帅　赵林强
通讯员：魏延江　摄影：崔舰亭

中泊船

每一个胜利船舶人，心中都有一艘胜利的船舶……

船还是那些船：2打头拖轮、4打头交通运输、5打头溢油回收、6打头货轮；

人还是那些人：1000余名胜利船舶员工；

海还是那片海：渤海、黄海、东海、南海四大海域；

"胜利舰队"再次刷新成绩单：2019年，外部市场收入1.6亿元；2020年上半年，外部市场收入9061万元。

有金刚钻敢揽瓷器活

历时17小时拖航，国内首座海洋牧场综合平台"耕海1号"成功"绽放"在渤海海域，登上《人民日报》、新华社客户端，引起广泛关注。

"没想到因为这个事火了。"海洋石油船舶中心航海技术首席专家李大炜有些意外。

2020年6月，海洋石油船舶中心承担了"耕海1号"的拖航就位任务。

在李大炜看来，"耕海1号"就位难度并不大。他们每年完成100余次平台拖航就位工作，难度最大的是胜利海区，井口密集，海底管线密布。

平台，就像漂在海上的一栋楼，最大可达30多层楼高，仅甲板就相当于一个足球场大小。"移大就小"，平台没有动力，需用船舶将其精准就位到井口位置。一旦有偏差，后果不堪设想。

海洋石油船舶中心称这种工作为精准拖航就位。仅2020年上半年，他们完成外部市场拖航就位16次，平台对接井口合格率、一次就位成功率均保持100%。

有人认为，这项工作不算太难。2019年，一家社会船舶公司就揽下了这项业务，拖航时差点发生侧翻事故。万般无奈，他们将求助电话打到了海洋石油船舶中心。

从无到有，从小到大，从慢到快。数十年的迎风斩浪，海洋石油船舶中心练就了精准拖航就位和起抛锚作业的金刚钻，占领了市场，并逐渐成为行业的典范。

"只靠船舶，没有过硬的技术，很难吃好海上这碗饭。"作为拖航就位和起抛锚项目组成员的生产运行科科长的杨海滨说。

精益求精，每只锚起抛时间从2小时缩短到45分钟，工区不同、平台不同、作业程序不同。无论市场在哪儿，他们都将用优质服务赢得市场。仅精准拖航就位和起抛锚作业，胜利油区占比100%，中石油渤海海域占比近90%。

鱼和熊掌可以兼得

在接到东海工区市场需求时，海洋石油船舶中心陷入"鱼和熊掌"的两难选择。

海洋石油船舶中心大马力拖轮不多，胜利292船已经外派，余下大马力拖轮需要在胜利海域值守。

在以前，这不是个问题。守护胜利海域，是他们的第一职责。

现在，去还是不去，却是个问题。船出去，胜利海域应急守护力量支撑不足；不出去，市场就会被占领。

心中泊船

每一个胜利船舶人，心中都有一艘胜利的船舶……

去？还是不去？内部产生了争论。

"让思维跟着市场走，让决策围着效益转。"海洋石油船舶中心经理张久安直言。市场经营要和生产运行深度融合，将创效能力发挥到最大。

他们开拓思路，创新举措，迅速做出决策。派船赴东海工区，同时租用船舶担任安全守护任务，确保胜利海域应急能力不减。

思路一变，海阔天空。鱼和熊掌兼得，解决了没有船就放缓市场脚步的困境。同样，胜利242船坞修期间，他们引进拖轮"拖35船"，5天内完成多座平台就位任务，保障海上生产并增效50万元。

大市场不放过、小市场不错过。海洋石油船舶中心实现了船舶服务专业分包向船舶服务总包、单项承揽服务向年度总承揽服务转变，在中海油、中石油、中石化"三桶油"市场的经营创收均实现不同程度增长。

借船出海闯市场

同一时间段内，拖航中油海82平台和中海油渤海自立号平台，成为海洋石油船舶中心市场开发总监刘海礼市场经营的得意之作。

这次拖航发生在2020年3月，海洋石油船舶中心租用北海救117船完成拖航中油海82平台营口至埕岛工区拖航任务，同时租用中油海298船完成拖航渤海自立号平台黄骅至埕岛工区拖航任务，中海油的市场、中石油的船舶、中石化的技术，三者创造性地完美结合在了一起。

在自有船舶资源不充足的情况下，海洋石油船舶中心积极转变观念，租用外部船舶承揽平台拖航总包任务，2020年上半年实现创收370万元，既保住市场，又实现增效。

"必须'走出去'，'走出去'才能完成创效指标。"张久安坦言。

"借船出海！"成了海洋石油船舶中心领导班子和干部员工的共识。

曾经，人多船少是制约海洋石油船舶中心发展的瓶颈问题。在价值引领下，没有船，借船也能闯市场。海洋石油船舶中心领导班子清醒地认识到，仅靠现有船舶无法实现既定创效目标，"借船出海"更多的是要用新理念、新思想破解经营困境。

天津、上海、湛江、广州等地只要有船舶市场，就有海洋石油船舶中心市场人员的身影。海洋石油船舶中心积极融入地方、融入海洋发展，开展非油业务。2020年上半年，海洋石油船舶中心承揽风电平台、海洋牧场平台拖航就位5次，助力山东省"经略海洋"战略和新旧动能转换，创效100多万元。

在海洋石油船舶中心党委书记、纪委书记刘丕荣看来，外部市场不是一蹴而就的，是多年品牌形象积累得来的，更是近年来胜利船舶人思想观念转变、上下凝心聚力的结果。

海还是那片海，人已不是那些人，船也不再是那些船。

中泊船

每一个胜利船舶人，心中都有一艘胜利的船舶……

» 锚泊中的胜利 291 船和胜利 292 船

「扬帆远航创品牌」

2020年8月13日《胜利日报》一版头条

《扬帆远航创品牌》作者：徐永国　王东奇　田承帅　赵林强
特约记者：崔舰亭

心中泊船

每一个胜利船舶人，心中都有一艘胜利的船舶……

盛夏时节，东营早已酷暑难耐，260千米外的龙口市屺峒岛，一场夜雨后，已有丝丝凉意。

屺峒岛是个远伸海中似孤屿又连陆的奇特小岛，传说因明朝名将胡大海将母亲寄宿于此而得名。

胡大海寄母是个传说。40多年前，胜利油田将船舶寄宿在屺峒岛，"胜利舰队"在这里成长、发展、远航，书写着新的"船说"。

船舶管理新模式

长年出海的边祥民有些腼腆，但是一提到船舶，眼神之中透露着坚定和自信。

坚定和自信来自船舶管理的新模式，赋予了船长更大的经营自主权。2019年，海洋石油船舶中心实施船舶专业化建设，二级直管单船，实现单船管理、单船运行、单船核算和单船考核。

新的管理模式，取消大队编制、配套管理机制、压扁管理层级，船舶化作创效单元，从操作船舶到经营船舶，船长们成了"船主"。

每一艘船都变成了经营单元。胜利292船船长边祥民说，直接对接甲方，及时准确掌握甲方需求，提升了船舶服务水平和能力。

不单单是胜利292船，胜利233船、胜利221船等多艘内部市场船舶的积极性也被调动起来。

他们积极克服新冠疫情带来的困难，在做好物料运输、人员

"扬帆远航创品牌"

2020年8月13日《胜利日报》一版头条

倒班、油水补给等功能的基础上，协助做好平台间的相互支援，缩短了作业周期，节约了施工时间，获得井下作业公司等单位的表扬。

2020年年初以来，海洋石油船舶中心先后收到10余封表扬信。一封封表扬信是对船舶保障服务能力的最大认可。

他们着力提升复杂海况、复杂区块、复杂技术的船舶服务水平，打响施工技术专、运行管理精、作业能力强、服务质量高的"胜利船舶作业"品牌，为海上油田提供更加安全、更加高效的一流船舶服务。

"胜利红"就是希望

大风大浪，1艘渔船，3个渔民，在海上漂了7天，直到胜利241船的出现。

"胜利船舶人的恩情我们几辈子都不能忘。"获救的渔民对海洋石油船舶中心发出由衷的感谢。

这几位获救渔民，清楚记得，救他们的船外壳刷了红色，在海上格外显眼，被亲切地称为"胜利红"。

1994年海洋石油船舶中心成立至今，"胜利红"救助船舶130余艘，实施重大海上抢险270余次，救助人员900余人。每一次救援都是生与死的考验，只因身上的那份责任和担当，跨出至关重要的一步。

也正是每个胜利船舶人的这重要一步，让"胜利红"在大海上迎击风浪，成为名副其实的海上"安全守护者"。

中泊船

每一个胜利船舶人，心中都有一艘胜利的船舶……

海洋石油船舶中心副经理李鹏展介绍，安全保障和海上应急是船舶的主战场，也是船舶价值的体现，所有的工作重心都围绕核心主业。

作为胜利油田唯一一家专业化船舶保障和海上应急单位，海洋石油船舶中心承担着保障油田海洋石油勘探开发安全清洁生产的重任，还积极履行社会责任，担负起东营、滨州、潍坊等海域海上应急和社会救援。

"海洋应急能力的提升，必须强强联合、资源共享、油地联动，不能关起门来做企业。"海洋石油船舶中心经理张久安说。海洋石油船舶中心先后与中海油、中石油海洋应急机构建立溢油应急战略联盟，与北海救助局签订海上安全战略合作协议，与东营市建立油地应急联动机制，综合海洋应急能力进一步增强。

海上风险管控始终是油田安全生产的重点和难点。围绕涉海应急救援，下步将推进油田内部海洋应急规范管理、市场化运行，与涉海单位建立滩海陆岸应急救援、溢油回收服务保障新模式。

"过山车"般的经历

通报批评，表扬感谢。

2020年上半年，内港管理中心副书记、副主任徐勇"过山车"般的经历让他对港口管理有了全新的认识。

2020年第一季度，海洋石油船舶中心因码头使用方存在的安全隐患登上了油田QHSSE（质量健康安全保障环境）曝光台；

"扬帆远航创品牌"
2020年8月13日《胜利日报》一版头条

痛定思痛，7月，港务管理人员巡检发现1艘外部船舶缆绳磨损严重，及时提醒，避免了安全事故发生，赢得船舶方赞誉。

东营胜利港码头始建于二十世纪七八十年代，建设标准低，使用年限久，社会关系乱，维护难度大。在山东省对港口实行集团化管理的背景下，油田推进码头专业化管理，将码头管理权正式划归海洋石油船舶中心。

徐勇介绍，前期码头使用单位众多，标准不一，码头规范管理存在着诸多阻力，私搭乱建等现象严重影响着码头的环保和治安问题。

海洋石油船舶中心经理张久安直言，要想杜绝发生类似问题，就要厘清责任，规范化管理。

思路清晰，付诸实践。针对内港专业化管理运行中存在的问题，海洋石油船舶中心将内港专业化管理、市场化创效、社会化服务纳入攻坚创效重点工作进行推进。

100天的时间，完成10多座码头、10多宗土地及相关配套设施交接。

100天的时间，内部优化50多人，组建专业化管理队伍。

100天的时间，与多家码头使用单位签订码头服务合同、资产租赁合同、安全治安管理协议，年合同额3500万元。

责权利进一步明确，理顺管理关系，港口管理市场化运营初见成效。海洋石油船舶中心总会计师孙建国直言，港口资源属于稀缺资源，要让港口运营创效成为海洋石油船舶中心新的效益增长点。

中泊船

每一个胜利船舶人，心中都有一艘胜利的船舶……

为打造一流港口管理模式，海洋石油船舶中心积极融入东营海洋强市规划，对接地方经济发展和港口建设需求，统筹油田和地方两种资源、两个市场，全面推进港口专业化管理、市场化运营。

一支全新的"胜利舰队"正开足马力扬帆远航。

» 胜利251船参加胜利油田海上联合应急演习

「海阔天空育人才」

2020年8月14日『胜利日报』一版头条

《海阔天空育人才》作者：徐永国　王东奇　田承帅　赵林强
通讯员：胡海玲

中泊船

每一个胜利船舶人，心中都有一艘胜利的船舶……

日出日落，潮起潮落，周而复始。

搏风击雨的胜利船舶人知道，手揽瓷器活才能永立潮头。

深耕海洋的胜利船舶人也知道，优质品牌是市场通行证。

高瞻远瞩的胜利船舶人更知道，他们手中最大的金刚钻，是人才。

动起来：工作有了，效益高了

到2020年9月，中油海225轮机长张会俊上船满两年了。

两年的时间，他不仅经历了四季的更替，更经历了从无到有、从陌生到熟悉。张会俊说，外部市场非常不容易，但出来了，代表的是胜利。

而在登上中油海225船之前，他是胜利151船的轮机长。

在机舱里工作了近30年的张会俊对船舶有着极深的感情。在他看来，机舱就像是船舶的心脏，而轮机长是船舶机械、动力、电气设备的技术总负责，是心脏的守护者。

从水手、机工成长为船长、轮机长，最快也要10年。海洋石油船舶中心副总经理刘鹏介绍，高级船员在船舶市场是稀缺资源，而这恰恰是他们的优势所在。

找准方向，总能出奇制胜。海洋石油船舶中心发挥专业优势，以"人+技术+管理"模式，积极承揽外部船舶操纵业务。

中油海船舶操纵业务、山东远达船舶操纵业务，两个项目，输出高端技术人员60多人，年合同额800多万元，海洋石油船舶中心趟出了一条高端劳务闯市场之路。

刘鹏直言，受人力资源总量限制，海洋石油船舶中心外闯市场的数量无法跟油气开发单位相比，但他们在提升质量方面下足功夫。

2020年上半年，海洋石油船舶中心实现人力资源外闯市场创收400多万元，年人均创收9万多元。

强起来：人力资源是真正财富

胜利的船员，在船舶市场上总是炙手可热、供不应求。

"船舶中心为培养员工倾注了大量的心血。"海洋石油船舶中心人力资源科科长张学梅有着幸福的烦恼，现有的船舶无法为船员匹配岗位，不能满足船员的成长发展。

而这得益于海洋石油船舶中心持续以党的建设带动队伍建设，内聚人心、外树形象，以文化引领思想，以思想引导行为，以"心灵关爱"助力员工快乐工作，以劳动竞赛推动"比学赶帮超"，高度重视人才梯队建设，建立了精准高效的人才选拔培训培养体系。

每年，海洋石油船舶中心都会投入100余万元，组织船员进行职务晋升、岗位适任培训和相关技能知识培训。

经过20余年发展，良好的培训体系带来丰富的人力资源。海洋石油船舶中心储备了大量的人才，船长、轮机长等高级船员取证300余人。

"很多岗位都是高证低配。"张学梅坦言，外部市场62个船员，意味着62个岗位，让更多的船员走上更为关键的岗位，为海

心中泊船

每一个胜利船舶人，心中都有一艘胜利的船舶……

洋石油船舶中心发展提供了更为强大的人才保障。

海洋石油船舶中心党委书记、纪委书记刘丕荣曾是一线船长，他深知船长、轮机长等高级船员对船舶至关重要，而这恰恰是海洋石油船舶中心积累的财富。

同时，海洋石油船舶中心实施大职业（大岗位）融合建设，推行"水手+"大工种设置，培训培养"水手+溢油回收工""水手+吊车司机"等复合型一专多能技能人才50多人。

鼓起来：是腰包，更是信心

对张会俊来说，两年来最大的感受是收入的提高，腰包鼓了起来。

与腰包一同鼓起来的是胜利船舶人的信心。牛明进、王成胜等船员在2020年年初获得中油海公司年度"优秀员工"的称号。

市场就是战场。船员外闯到中石油、中海油，有些还去了社会企业。不同的文化、不同的制度、不同的运行模式，全新的岗位为船员带来挑战的同时，市场的磨砺让船员们更快速成长。"首先利用经济杠杆撬动分配，鼓励大家闯出去。"基层专业化船组运行部负责人感受最大的是队伍稳定了、好带了；感触更多的是，外部市场历练了队伍，为海洋石油船舶中心长远发展夯实人才基础。

海洋石油船舶中心进一步完善人力资源"动起来、走出去、强起来"长效机制，持续完善船员承揽项目激励和配套措施，提升人力资源运行效能。

"海阔天空育人才"
2020年8月14日《胜利日报》一版头条

  广阔的外部市场更加坚定了发展的信心。海洋石油船舶中心领导班子越来越清醒地认识到,"走出去"一举多得,闯市场创效益的同时,增长了见识,锻炼了队伍,磨砺了意志力。

  按照海洋石油船舶中心持续攻坚创效的安排部署,海洋石油船舶中心将充分发挥"人+技术+装备"优势,加大主力船舶外闯市场力度,积极承揽"短平快"项目,争取船舶市场创收稳中有升。

中泊船

每一个胜利船舶人，心中都有一艘胜利的船舶……

» 胜利 291 船垦岛工区安全守护

船舶映像
——胜利船舶因你而精彩

» 2019 年 10 月 1 日，庆祝中华人民共和国成立 70 周年

心中泊船

每一个胜利船舶人，心中都有一艘胜利的船舶……

» 海洋石油船舶中心党委书记卢勇（左二）到胜利212船检查指导工作

» 海洋石油船舶中心经理李鹏展（右二）到成品油库检查指导防汛工作

船舶映像
——胜利船舶因你而精彩

» 海洋石油船舶中心党委常委、工会主席臧运玉（右一）到胜利242船为先进集体颁奖

» 海洋石油船舶中心党委常委、总会计师孙建国（左一）到胜利505船参加主题党日活动

201

中泊船

每一个胜利船舶人,心中都有一艘胜利的船舶……

» 海洋石油船舶中心党委常委、副经理齐方利(中)到船舶检查并指导工作

» 海洋石油船舶中心党委常委、副经理、总工程师初同林(中)到船舶坞修现场检查指导

船舶映像
——胜利船舶因你而精彩

» 2018年1月7日，胜利船舶跑团

» 2019年1月25日，迎新春，送祝福

❤ 中泊船

每一个胜利船舶人，心中都有一艘胜利的船舶……

» 2019 年 5 月 9 日，应急队员参加山东省地震应急救援综合演练

» 2019 年 5 月 27 日，胜利油田"知心服务"船舶一线行

船舶映像
——胜利船舶因你而精彩

» 2019年8月1日,《人民日报》、新华社等14家中央及地方媒体走进船舶开展"壮丽70年·奋斗新时代——聚焦生态油田"新闻摄影采访

205

心中泊船

每一个胜利船舶人,心中都有一艘胜利的船舶……

» 2019年8月3日,海洋石油船舶中心员工走进油田电视台录制"胜利家庭会"节目

» 2019年9月27日,海洋石油船舶中心健步走活动

船舶映像
——胜利船舶因你而精彩

» 2019年10月1日，船员庆祝中华人民共和国成立70周年

» 2019年10月1日，海洋石油船舶中心举行中华人民共和国成立70周年国庆节升旗仪式

心中泊船

每一个胜利船舶人，心中都有一艘胜利的船舶……

» 2019年11月28日，海洋石油船舶中心"传承石油精神、弘扬石化传统"故事会

» 2020年1月31日，海洋石油船舶中心全力防控新冠疫情

船舶映像
——胜利船舶因你而精彩

» 2020年4月29日，海洋石油船舶中心"弘扬劳模精神，助力攻坚创效"恳谈会

心中泊船

每一个胜利船舶人,心中都有一艘胜利的船舶……

» 2020年9月17日,干部员工接受红色爱国主义教育

» 2020年12月23日,海洋石油船舶中心员工群众健步走活动

船舶映像
——胜利船舶因你而精彩

» 2021年1月6日，船舶外闯船员走进油田电视台

» 2021年2月8日，胜利291船船员成功处置海上漂移浮标

211

心中泊船

每一个胜利船舶人,心中都有一艘胜利的船舶……

» 2021年3月29日,胜利151船船员出征浙江象山海上风电市场

» 2021年6月30日,海洋石油船舶中心庆祝建党100周年暨高质量党建推进会

船舶映像
——胜利船舶因你而精彩

» 2021年11月，海洋石油船舶中心代表队荣获"全国工间操云比赛"二等奖

» 2021年11月，海洋石油船舶中心"心福之舟"走进一线船舶胜利212船

心中泊船

每一个胜利船舶人，心中都有一艘胜利的船舶……

» 2022年4月12日，《中国石化报》刊登文章《他们，是海上的一束光》

船舶映像
——胜利船舶因你而精彩

» 2022年1月14日,"青春暖冬"爱心衣物捐赠活动

» 2022年9月28日,胜利油田2022年海上综合应急演练

心中泊船

每一个胜利船舶人,心中都有一艘胜利的船舶……

» 2022年海洋石油船舶中心领导为油田持续稳定发展立功(集体)海上重大拖航就位施工作业立功(个人)授奖仪式

» 新时代胜利船舶船员风貌

海洋石油船舶中心
历届领导班子成员

❤ 中泊船

每一个胜利船舶人，心中都有一艘胜利的船舶……

» 1994年5月，海洋石油船舶公司领导班子

» 1997年12月，海洋石油船舶公司领导班子

海洋石油船舶中心
历届领导班子成员

» 1998年8月，海洋石油船舶公司领导班子

» 1999年2月，海洋石油船舶公司领导班子

心中泊船

每一个胜利船舶人，心中都有一艘胜利的船舶……

» 2002 年 11 月，海洋石油船舶公司领导班子

» 2004 年 10 月，海洋石油船舶公司领导班子

海洋石油船舶中心
历届领导班子成员

» 2005 年 5 月，海洋石油船舶公司领导班子

» 2009 年 5 月，海洋石油船舶中心领导班子

221

心中泊船

每一个胜利船舶人,心中都有一艘胜利的船舶……

» 2012 年 1 月,海洋石油船舶中心领导班子

» 2013 年 12 月,海洋石油船舶中心领导班子

» 2020年1月,海洋石油船舶中心领导班子

» 2021年8月,海洋石油船舶中心领导班子

中泊船

每一个胜利船舶人，心中都有一艘胜利的船舶……

» 2023 年 5 月，海洋石油船舶中心领导班子

» 2023 年 11 月，海洋石油船舶中心领导班子

附录

附录1：劳动模范和先进个人名录

一、荣获"中国石化劳动模范"人员名单

2000年　盛国新

2004年　张久安

2013年　邹　伟

2018年　韩海峰

2022年　薛克柱

二、荣获"山东省富民兴鲁劳动奖章"人员名单

2007年　宋开祥

2012年　魏春祥

三、荣获"胜利油田劳动模范"人员名单

1994年度　李文水　王瑞太

1995年度　陈秀林　尹尧暹

1996年度　陈秀林　盛国新

1997年度　盛国新　王日强

1998年度　盛国新　吴洪辉

1999年度　盛国新　曲功明

2000年度　盛国新　曲功明

2001年度　盛国新　陈仁德

2002年度　盛国新　陈仁德　李东青

2003年度　张久安　高月迎

2004年度　张久安　杜永运

中泊船

每一个胜利船舶人，心中都有一艘胜利的船舶……

2005年度　杜永运　宋开祥

2006年度　杜永运　宋开祥

2007年度　杜永运　宋开祥

2008年度　刘绍鹏　魏春祥

2009年度　刘绍鹏　魏春祥

2010年度　刘绍鹏　魏春祥

2011年度　刘绍鹏　魏春祥

2012年度　邹　伟　崔建强

2013年度　邹　伟　崔建强

2014年度　邹　伟　崔建强

2015年度　邹　伟　韩海峰

2016年度　邹　伟　韩海峰

2017年度　韩海峰　朱劲峰

2018年度　朱劲峰

2019年度　朱劲峰

2020年度　薛克柱

2021年度　薛克柱　苏先锋

2022年度　郭青泉　于士龙　焦海涛

四、荣获"胜利油田创新创效标兵"人员名单

2021年度　杨海滨　魏延江　丁　勇　王晓东

五、荣获"胜利油田优秀共产党员"人员名单

1994年度　王福启

1995年度　王福启　孔凡兴

附 录

1996年度　冯学三　徐世忠
1997年度　盛国新　李东青
1998年度　王翠萍　李　艺
1999年度　李绍彬　刘绍鹏　王新军
2000年度　李崇浩　商永海　刘绍鹏
2001年度　邢念安　陈仁德　商永海
2002年度　姜毓敏　张春林　商永海
2003年度　陈仁德　方茂峰　王　琳
2004年度　毕　军　宋华信　许世荣
2005年度　杜永运　张来泉　宋开祥
2006年度　毕　军　魏春祥
2007年度　魏春祥　高月迎
2008年度　毕　军　邢世阳
2009年度　毕　军　邢世阳　刘绍鹏
2010年度　魏春祥　刘绍鹏　王　琳
2011年度　魏春祥　刘绍鹏　姜家秋
2012年度　邹　伟　刘恒森　杜永运
2013年度　王永茂　吴金泉　吴俊亮　曹金栋
2014年度　魏延江　邹　伟　李海峰　曹金栋
2015年度　韩海峰　邹　伟　姜家秋　曹金栋
2016年度　韩海峰　邹　伟　郭青泉　曹金栋
2017年度　韩海峰　邹　伟　刘海礼　刘桂芝
2018年度　朱劲峰　胡书建　李鹏展　武树贤

229

中泊船

每一个胜利船舶人，心中都有一艘胜利的船舶……

2019年度	朱劲峰	吴卫峰	张学梅
2020年度	张秀成	边祥民	吴卫峰
2021年度	薛克柱	焦海涛	尹玉辉
2022年度	王 力	樊宽斌	韩德军

六、荣获"胜利油田文明建设先进个人"人员名单

1994年度	初仁堂	李先胜	于锡国	朱献玫	李崇浩
	孙沛恩	赵言珍	张远江	邢世阳	唐玉凯
	张立虎	杨荣全	陈志敬	赵进修	
1995年度	张孝瑞	李学玉	张宪辉	毕建国	杨 红
	张业发	任学东	胡全亮	孙永梅	唐玉凯
	赵进修	王守文	丁兆瑜	李东青	
1996年度	孙绪廷	孟令芳	刘彦平	张远江	胡立怀
	袁中国	栾庆刚	王利升	李先胜	李茂山
	吴兰恩	徐国伦	王日强	初仁堂	宋兰忠
	丛培军	唐玉凯			
1997年度	周 文	于锡国	李文水	赵士庆	陈秀林
	任永祥	商永海	李春永	孟令芳	刘运华
	李学玉	李茂山	贾 胜	尹尧遥	李福欣
1998年度	于桂山	董文富	张远江	王新军	马成学
	赵洪敏	刘宗森	丁祥富	邱元祥	姜孟岳
	周 文	王守文	李宗友	杨继志	杨 红
1999年度	徐建军	宋开祥	付宝连	李茂山	刘 鹏
	韩德军	刘彦平	王其良	刘宗森	周洪庆

	商永海	徐永才	曹友森		
2000年度	周海南	冯长志	邢念安	高月迎	孟令芳
	姜孟岳	张来泉	陈仁德	苏先锋	刘乐成
	赵会贤	江树全	李炳先	刘彦平	王　桂
2001年度	李书勤	姜毓敏	许海涛	李　艺	宋开祥
	毕义杰	冯学三	张宪辉	邢念安	贾　胜
	徐永才	王云兴	王新军	刘彦平	杜永运
	李东青				
2002年度	赵志强	王新军	刘悦成	贾　胜	杜永运
	孙少林	潘义来	王建森	吴金泉	张久安
	郑立新	李　艺	田玉群	刘久红	王翠萍
2003年度	李书勤	张韶光	赵海泉	王云兴	张文彬
	王政凯	邢念安	贾　胜	王新军	孙殿勇
	杨海滨	梁立忠	张路刚	李文鹏	夏国宾
	宋华信	郭建伟	杜永运	曹福华	薛玉龙
2004年度	丁景玲	孙少林	李东青	杨玉林	王景臣
	王云兴	宋修军	王新江	孙建波	姜家秋
	李福欣	巩同科	杨海东	宋华信	陈　涛
	郭　蕾	邹　伟	齐国青	薛玉龙	刘春隆
2005年度	巩同科	姜家秋	盛国新	刘桂森	刘　清
	魏春祥	邹　伟	王永茂	于鲲鹏	刘永锋
	吕新娟	邢念安	贾　胜	王新军	杨玉贵
	郑立新	刘传荣	毕　军		

心中泊船

每一个胜利船舶人，心中都有一艘胜利的船舶……

2006年度	吴金泉	杨海滨	李大鹏	杨立文	邱振远
	刘永锋	巩同科	姜家秋	毕 军	邢世阳
	魏春祥	邢念安	杨玉贵	刘传荣	刘海礼
	刘 鹏	李大炜	程守升		
2007年度	杜永运	宋开祥	魏延江	魏春祥	程守升
	郝全亮	刘 鹏	李大炜	白 征	杨述全
	刘传荣	毕 军	贾 胜	齐方利	刘绍鹏
	王海港	周春明	薛玉龙	刘恒森	刘永锋
	花海成				
2008年度	程守升	刘海礼	刘传荣	张学梅	邢世阳
	林永国	王翠萍	邢念安	尹尧遄	李 强
	周春明	王永茂	王海光	刘恒森	汪华军
	王 琳	姜家秋			
2009年度	赵清寿	邹 伟	于鲲鹏	周春明	薛玉龙
	刘恒森	汪华军	王 琳	孙志东	李东青
	魏延江	程守升	贾 胜	邢世阳	林永国
	毕 军	郭建伟			
2010年度	张春林	刘传荣	邹 伟	赵清寿	李茂全
	陈 军	薛玉龙	刘恒森	任建设	姜家秋
	孙志东	杨海东	郝全亮	吴金泉	刘 鹏
	王 琳	孙运明	房新村		
2011年度	刘传荣	李大炜	刘 辉	花海成	邢念安
	徐 勇	吴世海	李文志	王振华	刘永锋

	王　涛	石　峰	林　勇	崔建强	彭学明
	徐坤义	汪华军	相　华		
2012年度	魏延江	李大炜	花海成	周海南	邢念安
	常清华	陈　涛	薛玉龙	马凤收	刘桂森
	林永国	迟桂兰	王云兴	李文志	王振华
	韩海峰	张雷平	杨　霞		
2013年度	张路刚	邢念安	王翠萍	王　琳	陈学密
	岳彩瑞	梁丽娜	马先锋	马凤收	韩海峰
	陈云胜	朱劲峰	王智勇	林海鹏	刘恒森
	杨　忠	李金生	郑婷方		
2014年度	李鹏展	花海成	邢念安	王　琳	李海涛
	马凤收	赵清寿	韩海峰	王吉江	朱劲峰
	王海光	林海鹏	李学彬	李文志	亓东明
	何林颖	蒲丽琼	吴泗泽	姜家秋	
2015年度	张学梅	齐方利	丁　勇	花海成	陈　莉
	于士龙	崔晓林	张会俊	崔建强	朱劲峰
	付士帅	薛玉龙	张增文	林海燕	栾殿杰
	王云兴	周　军	张雷平	李洪涛	
2016年度	李鹏展	薛德清	花海成	牟云岐	李修峰
	刘庆诗	陈　卓	巩　利	刘久红	何信英
	崔晓林	马凤收	焦海涛	于　峰	王海光
	陈立强	张雷平	韦琦钰	樊　涛	
2017年度	李殿奎	陈　涛	齐方利	张　强	牟云岐

心中泊船

每一个胜利船舶人，心中都有一艘胜利的船舶……

	赵鹏程	苏先锋	李　威	丛树丽	于大海
	胡书建	薛克柱	刘强强	薛　军	李学彬
	李　蒙	张雷平			
2018年度	郭青泉	陈　涛	王竹林	李　军	丁景玲
	朱劲峰	李　超	陈庆豪	刘春隆	秦建华
	薛玉龙	姚长兴	薛克柱	胡书建	陈晓雯
	孙　超				
2019年度	王燕涛	丁　勇	李海涛	武　磊	付士帅
	尹尧暹	于士龙	焦海涛	陈胜晓	樊　涛
	崔舰亭	李　强	郭　劼	侯　伟	王　琳
2020年度	于　峰	马先锋	王　成	刘强强	孙　伟
	孙海滨	李志文	杨海滨	陈耀兵	庞海艳
	赵鹏云	战晓伟	徐同瑞	董向峰	谭林怀
2021年度	于　波	王　琛	王云兴	王海港	尹桂波
	史明星	丛树丽	刘　清	孙　虎	孙　源
	牟云岐	李　鹏	李保杰	秦军强	高全春
	崔舰亭	管青龙			
2022年度	张　阔	崔舰亭	徐　勇	边祥民	胡海玲
	房新村	郭建伟	孙　虎	王洪伟	王智远
	李晓玉	慕　杰	巩　利	李　彬	岳胜强
	杨　磊	宫　勇	李　杰	吴卫峰	

附录2：视频集锦

一、《海洋石油船舶中心厂歌》MV

2018年荣获"胜利油田厂歌评比"一等奖。

二、专题片《走向蔚蓝》

2015年荣获"胜利油田第23届党员教育电视专题片"三等奖。

三、专题片《风正一帆悬》

2016年荣获"胜利油田第24届党员教育电视专题片"二等奖。

四、专题片《匠心船承》

2018年荣获"管理局有限公司工会'胜利工匠'电视专题片"二等奖、"中华全国总工会'中国梦·劳动美'第五届全国职工微影视大赛"银奖。

五、专题片《怒海勇士》

2019年荣获"中华全国总工会'中国梦·劳动美'第六届全国职工微影视大赛"银奖。

六、专题片《"老船舶"与宪法的故事》

2022年荣获"胜利油田'我与宪法'微视频"一等奖。

七、专题片《心桨无声》

2020年荣获"胜利油田第28次党员教育电视专题片评比"二等奖。

八、专题片《船承》

2021年荣获"胜利油田'心向党·跟党走'暨第29次党员教

育专题片"一等奖、最佳编导奖。

九、专题片《闯海者》

2021年荣获"胜利油田'我们的外闯故事'微影视作品"一等奖。

十、专题片《胜利情怀》

2022年荣获"胜利油田'胜利旗帜　石油情怀'影视类"一等奖。

十一、专题片《从"红船"到红船》

2022年荣获"胜利油田第30次党员教育专题片"一等奖。

后 记

　　经过艰辛努力，《心中泊船》终于编辑出版了。

　　《心中泊船》收录了胜利油田第一批船员和自1994年海洋石油船舶中心成立专业化单位至2022年度的历届中国石化劳动模范、胜利油田劳动模范、"山东省富民兴鲁劳动奖章"获得者、胜利油田创新创效标兵和油田级及以上先进人物事迹，同时收录了1994年至2022年度荣获胜利油田优秀共产党员人员名单、荣获"胜利油田文明建设先进个人"人员名单，辑录了部分获奖的视频专题片，以大量文字和图片反映了海洋石油船舶中心广大员工群众几十年来的工作生活状况，激励胜利船舶人继续奋发去创造新的辉煌。

　　为确保《心中泊船》的编纂质量，我们遵循严谨、真实、客观、统一的原则，在以党委书记卢勇、经理李鹏展为主任，工会主席臧运玉，总会计师孙建国，副经理齐方利，副经理、总工程师初同林为副主任的海洋石油船舶中心精神文明建设委员会的领导下，成立了《心中泊船》编辑室，由臧运玉担任主编，魏延江担任副主编，王云兴、崔舰亭、张君政担任执行副主编，胡海玲、朱纯芬、姜鹏、吴晓伟、李福起、张栋担任编辑。从主编到编辑，大家兢兢业业、锱铢必较，拍摄了大量的照片，征集了大量的素材，反反复复地对文稿和图片进行甄选和校订，力求比较

> **心中泊船**
> 每一个胜利船舶人，心中都有一艘胜利的船舶……

全面地反映几十年来胜利船舶人的精神风貌。

在素材征集过程当中，得到了广大员工、离退休人员家属的大力支持，得到了各相关单位、部门的大力支持。在此，谨向广大劳动模范、先进人物致敬，向给予我们帮助支持的所有人员，表示由衷的谢意！

《心中泊船》时间跨度大，对资料的征集也不够全面，更受编者水平之所限，其中的疏漏赘谬在所难免，恳请各位领导和广大员工群众不吝赐教，万分感激。

编　者
二〇二三年十二月